현장 밀착형 상담 실전 가이드

직업 상담,
미래를
설계하다

현장 밀착형 상담 실전 가이드

직업 상담, 미래를 설계하다

최준형 · 신영주 · 이현중 · 이은영
유경희 · 김영건 · 조혜경 지음

렛츠북

서문

2025년, 우리는 역사상 가장 드라마틱한 취업 시장의 변곡점에 서 있다. 생성형 AI가 채용의 모든 과정을 재편하고 있고, MZ세대는 '대 퇴사'를 선택하며, 70대 시니어들은 '영시니어'가 되어 새로운 도전을 시작한다. 기업들은 신입사원 대신 즉시 투입 가능한 경력자를 찾고, 중장년층은 73.4세까지 일하기를 희망한다.

이런 변화 속에서 직업상담사의 역할은 그 어느 때보다 중요해졌다. 단순히 정보를 전달하는 것을 넘어 AI와 고령화 시대에 맞는 새로운 상담 방법론과 세대별 맞춤 전략이 필요한 시점이다.

《직업 상담, 미래를 설계하다》는 바로 이런 시대적 요구에 응답하기 위해 탄생했다. 현장에서 수천 명의 내담자를 만난 7명의 전문가가 모여, AI 시대 취업 트렌드부터 세대별 맞춤 상담 기법까지 직업상담사가 반드시 알아야 할 실무 지식을 담았다.

이 책은 단순한 이론서가 아니다. 상담 현장에서 바로 활용할 수 있는 실전 가이드이자, 변화하는 시대에 내담자와 함께 성장하는 상담사를 위한 나침반이다.

각 장의 구성과 핵심 내용을 살펴보자.

1장 – AI 시대, 취업 시장 트렌드 변화

이 장에서는 AI 시대 채용 시장의 5가지 핵심 변화를 분석했다. AI가 채용에 미치는 거시적 영향부터 청년·중장년·시니어 각 세대별 취업 트렌드, 그리고 AI 하이브리드 상담 방식까지 상담 현장에서 바로 활용할 수 있는 실무 지식을 담았다. 각 섹션마다 제시된 '상담 현장 활용 팁'은 내담자의 질문에 즉시 대응할 수 있는 구체적 가이드를 제공한다.

이 장을 통해 직업상담사는 AI 시대 채용 트렌드를 정확히 파악하고, 세대별 맞춤형 상담 기법을 익히며, 변화하는 채용 환경에서 내담지기 경쟁력을 갖추도록 돕는 전략적 도구를 얻게 될 것이다. AI와 인간 상담사의 협업으로 더욱 효과적인 취업 지원이 가능한 새로운 시대를 함께 열어가길 기대한다.

2장 – 직업정보와 활용

이 장에서는 빠르게 변화하는 시대에 직업정보의 의미와 필요성에 주복하였다. 직업상담사는 내담자에게 단순한 정보 전달자에 그치는 것이 아니라, 신뢰할 수 있는 직업정보를 올바르게 해석·가공하여 실질적으로 도움이 되는 내용을 제공해야 한다. 이를 위해 먼저 직업정보의 기본 개념과 구성 요소를 살펴보고, 청년·중장년·시니어·여성·사회취약계층 등 생애 주기별 및 집단별로 달라지는 직업정보의 내용과 활용 방안을 구체적으로 제시하였다. 나아가 각 시기와 집단이 직면하는 현실적 어려움과 이를 지원할 수 있는 직업상담사의 역할을 사례와 이론적 근거로 설명하였다.

또한 국가와 지자체, 전문 사이트, 교육 프로그램 등 폭넓은 직업정보를 정리하여 실제 상담 현장에서 효과적으로 활용할 수 있도록 하였다. 이를 통해 직업정보는 단순한 자료가 아니라 내담자의 진로 설계를 돕는 전략적 도구임을 강조하였다. 이로써 직업정보와 활용을 통해 급변하는 노동 시장에서 개인의 삶과 진로를 연결해 줄 수 있는 실천적 지침을 제시하고자 한다. 결국 직업정보와 활용은 직업상담사의 전문성을 뒷받침하는 핵심 역량이다.

3장 - 청년 취업 상담 실전 매뉴얼

청년 취업에 관심을 갖고 돕는 일을 한 지 16년 차가 되었다. "선생님, 취업 준비 도대체 뭐부터 시작하면 좋을까요? 뭘 더 준비해야 할까요?"라고 묻는 청년들을 만날 때마다 이런 고민을 해소해 주고 싶었다. 그렇게 청년들과 함께 치열하게 고민했던 한 직업상담사의 취업 상담 노하우를 이 장에 담았다.

이 장은 마음을 여는 초기 상담부터 진로 목표 설정, 맞춤 기업 리스트 만들기, 입사서류 및 면접 컨설팅까지 현장에서 바로 활용할 수 있는 구체적인 방법론을 제시한다. 특히 수천 명의 청년을 상담하며 검증된 실전 팁과 사례들을 풍부하게 담아 상담사들이 현장에서 즉시 적용할 수 있도록 구성했다.

청년이 가진 무한한 가능성을 믿으며, 성공적인 사회 진출을 돕는 동반자로서의 상담사를 지향한다. 이 글이 청년 취업 상담을 담당하는 상담사들에게 확실한 치트키이자 든든한 실전 매뉴얼이 되길 기대한다.

4장 - 경력단절여성을 위한 상담, 지지와 격려

이 장은 경력단절여성들의 재취업을 위한 상담에서 그들의 배경을 이해하고 조금 더 공감적 접근을 위해 살펴봐야 할 부분들을 담았다. 재취업 준비 과정에서 마주할 수 있는 실제 사례들을 소개하여 우리 주변에서 흔히 만날 수 있는 고민들을 통해 경력단절여성들을 상담할 때 어떠한 부분에 주목하고 어떤 방식으로 그들을 안내하면 좋을지 고민하고 연구할 수 있도록 하였다.

또한 실제 적용할 수 있는 상담 기법이나 방향성, 배경 이론들과 활용을 구체화하여 입직 초기의 직업상담사나 스스로 재취업 고민을 하고 있는 경력단절여성들의 문제 해결에 적용할 수 있도록 구성하였다. 아무쪼록 '경력 단절'이라는 꼬리표를 떼고 '경력 전환기'의 에너지를 만들어 낼 수 있는 시작점에 조금이나마 도움이 되길 바란다.

5장 - 진단 도구를 활용한 상담 가이드

이 장은 "상담에서 진단이 꼭 필요할까?"라는 질문에서 시작했다. 많은 상담자들이 여전히 경험이나 감에 의존하지만, 그러다 보면 상담이 막연해지기 쉽다. 직업학에서는 진단을 단순한 검사 점수가 아니라, 내담자의 삶을 이해하는 출발점으로 본다. 그래서 진단은 내담자의 이야기를 끌어내고, 상담 방향을 구체적으로 잡아주는 열쇠가 된다.

이 장에서는 '경력 적응성 검사', '진로 의사 결정 검사', '경력 가치 카드', 생애 곡선 기법 등 현장에서 유용한 도구들을 소개했다 중장년, 경력단절여성, 청년 등 내담자 유형에 따라 어떤 진단을 활용하면 좋은지도 구체적으로 담았다. 또한 진단 이후 결과 해석, 상담 목표 세우기, 맞춤 전략 만들기까지 이어지는 과정을 차근차근 설명했다. 특히 워크시트를 활용하면 내담자가 스스로 이해를 넓히고, 상담자는 상담을 더 체계적으로 이끌 수 있다.

무엇보다 진단은 상담을 어렵게 만드는 절차가 아니라, 내담자와 함께 변화를 설계하는 대화의 시작점이다. 이 장이 현장에서 활동하는 상담자들에게 진단을 이렇게 활용하면 되겠구나 하는 실질적인 도움이 되길 바란다.

6장 – 2차 베이비붐 세대의 은퇴 후 성공적인 경력 전환을 위한 직업 상담

최근 방송사뿐 아니라 유튜브와 같은 새로운 미디어에서도 베이비붐, 그중에서도 2차 베이비붐 세대의 은퇴와 경력 전환을 다루는 콘텐츠를 자주 접할 수 있다. 저자 또한 이 세대에 속한 사람으로서, 주된 직장의 마무리와 새로운 경력을 추구하는 과정을 직업 상담의 시각에서 함께 다뤄보고자 한다.

앞선 세대의 퇴직은 불안정한 소득과 사회적 지위의 하락으로 인식되는 경우가 많았다. 그러나 2차 베이비붐 세대는 이들과는 다른 사회·문화적 배경 속에서 성장했으며, 더 높은 교육 수준과 디지털 환경을 경험한 세대라는 점에서 기존 세대와 구별된다. 이처럼 세대적 배경과 현실적 조건의 차이는 은퇴와 경력 전환을 새롭게 해석할 수 있는 변곡점이 될 수 있다.

이 장에서는 앞으로 10년간 대규모 은퇴에 직면할 2차 베이비붐 세대를 직업 상담 현장에서 어떻게 이해하고, 어떤 시각으로 바라보아야 하는지를 살펴본다. 이를 통해 직업상담사들이 중장년 경력 전환을 지원하는 과정에서 한층 깊이 있는 인식과 실천적 방향성을 얻는 데 작은 도움이 되기를 기대한다.

7장 - 시니어 직업 상담, 경험을 마주하는 태도

이 장은 현장에서 탄생했다. "노인 일자리는 사회복지사의 일 아닌가요?"라고 묻는 신입 상담사와 "60세가 넘으니 정말 다르네요"라며 한숨 쉬는 시니어들 사이에서 시작된 이야기다.

우리 사회는 이미 초고령화 시대에 진입했다. 70대 이상 시니어 네 명 중 한 명은 여전히 현역이고, 이들에게 일은 단순한 '생계'가 아니라 '존엄'의 문제다. 그러나 정작 이들을 만나는 직업상담사는 충분히 준비되어 있지 않다.

이 장에서는 시니어 직업 상담의 핵심을 다루었다. 이론과 정책, 면접 컨설팅과 조직 적응까지 실제 상담 현장에서 필요한 내용을 담았다. 무엇보다 중요한 것은 시니어를 바라보는 상담사의 시선이다. 상담사의 말과 태도에 따라 내담자는 주저앉기도 하고 다시 나아가기도 한다.

시니어가 가진 '경험'이라는 자산을 존중하며, 함께 걸어가는 동반자로서의 상담사를 강조했다. 이 장이 시니어 직업 상담을 준비하는 상담사들에게 새로운 통찰과 실질적인 도움이 되길 기대한다.

《직업 상담, 미래를 설계하다》는 변화의 시대에 길을 잃지 않는 직업상담사를 위한 실용적 가이드이다. AI가 단순 업무를 대체하는 시대, 직업상담사의 진정한 가치는 더욱 빛을 발한다. 기계가 할 수 없는 공감과 소통, 개인의 상황에 맞춘 맞춤형 조언, 그리고 변화를 두려워하는 내담자에게 용기를 주는 것이 바로 우리의 몫이다.

이 책에 담긴 7가지 관점과 실무 노하우가 여러분의 상담실에서 살아 숨 쉬길 바란다. 청년의 대퇴사 고민에서부터 시니어의 새로운 도전까지, 모든 세대의 내담자와 함께 성장하는 전문가가 되시길 응원한다.

급변하는 취업 시장 속에서도 변하지 않는 것이 있다. 누군가의 꿈과 희망을 함께 만들어 가는 직업상담사의 숭고한 사명 말이다.

《직업 상담, 미래를 설계하다》와 함께 새로운 시대의 직업 상담을 시작해 보자. 여러분의 상담실에서 만들어질 수많은 성공 스토리를 기대하며, 모든 직업상담사와 취업을 꿈꾸는 분들의 여정에 이 책이 든든한 동반자가 되길 바란다.

2025년 12월

저자 일동

목차

1장 최준형

AI 시대, 취업 시장 트렌드 변화

2장 신영주

직업정보와 활용

6장　김영건

2차 베이비붐 세대의 은퇴 후
성공적인 경력 전환을 위한 직업 상담

7장　조혜경

시니어 직업 상담, 경험을 마주하는 태도

▽
▽
▽

AI 시대,
취업 시장
트렌드 변화

AI 시대,
취업 시장에 부는 바람

○ AI가 노동 시장에 미치는 거시적 영향

2025년 2월, 한국은행이 발표한 이슈 노트 'AI와 한국 경제'는 AI로 인한 국내 경제와 노동 시장의 변화에 대한 전망을 담고 있다. AI 도입은 한국 경제의 생산성을 1.1~3.2%, GDP를 4.2~12.6% 높일 수 있는 성장 잠재력이 있다는 것이다. 하지만 노동 시장 관점에서 보면 이야기가 다르다. 우리나라 취업자 중 약 341만 명은 AI 기술에 의해 대체되었을 가능성이 높다. 전체 취업자 수 대비 12%에 해당하는 규모다. 노동력 증가 없이 생산성이 늘어난다는 의미는 노동력의 수요가 줄어들 것이란 표현과 같기 때문이다.

특히 주목할 점은 AI의 영향 패턴이다. 과거 산업혁명이 주로 저숙련 노동자에게 영향을 미쳤다면, AI는 고소득·고학력 근로자에게 더 큰 영향을 미친다는 것이다. AI는 근본적으로 비반복적·인지적 업무를 대체하는 경향이 크기 때문이다. 구체적 수치로 보면 더 명확하다.

AI 노출 지수가 10% 높을 경우, 향후 20년간 해당 일자리의 고용 비중은 7%p 줄어들고 임금 상승률은 2% 낮아질 것으로 예상되고 있다. AI가 우리에게 강한 영향을 미치는 것이 확실한 만큼 직업 전문가들도 철저한 대비가 필요하다.

○ 브라운 칼라 노동자의 부상

이런 변화 속에서 브라운 칼라 노동자(Brown Collar Worker)에 대한 관심이 높아지고 있다. 브라운 칼라는 기술직과 서비스직을 아우르는 숙련 노동자를 말한다. 전기기사, 용접공, 간병사, 요리사, 미용사 등이 대표적이다.

사무직이 AI에 의해 대체될 위험이 커지면서, 이들 직종에 대한 선호도가 증가하는 추세다. 손재주와 현장 경험이 중요한 이들 직업은 AI가 쉽게 대체하기 어렵다. 하지만 이는 단기적 현상일 가능성이 높다. AI와 로봇 기술이 발전하면서 제조업과 서비스업도 자동화의 영향을 받을 것으로 예상되기 때문이다.

브라운 칼라 노동자에 대한 높은 선호는 과도기적 현상이다. 아직 AI와 로봇이 할 수 없는 일 중에 하나지만 중장기적으로 AI와 로봇이 결합하는 시대에는 브라운 칼라 노동자마저 대체될 가능성이 있기 때문이다. 그럼에도 불구하고 당장의 현실에서는 브라운 칼라 노동자가 AI와 로봇으로부터 인간의 일자리를 지켜줄 수 있는 직업적 대안이라는 점은 분명하다.

○ 기업 채용 프로세스의 변화

채용 공고 자체도 변했다. 예전에는 '워드, 엑셀 활용 가능자'라고 적었다. 이제는 'AI 도구 활용 경험자', '생성형 AI와의 협업 능력'이 우대사항으로 등장한다. 기업들도 AI 도구를 채용 과정에 본격 도입하기 시작했다. 서류 심사에서 AI가 1차 필터링을 담당한다. 면접에서도 AI 기반 면접 시스템이 지원자의 표정과 음성을 분석한다. AI로 작성된 화려한 이력서와 자기소개서가 넘쳐나면서, 기업들은 지원자의 실제 역량을 확인하기 위해 더 많은 단계를 거친다.

최근 일부 기업에서는 지원자의 실제 역량을 확인하기 위해 '과제수행형 면접'을 도입하고 있다. 지원자에게 실제 업무와 유사한 과제를 주고 해결 과정을 관찰하는 방식이다.

IT 업계에서는 '라이브 코딩' 형태의 면접이 늘어나는 추세다. 실시간으로 프로그래밍 문제를 해결하게 하면서 사고 과정을 설명하도록 하는 것이다. 여러 IT 기업에서 코딩 테스트의 난이도가 높아지고 있다. KB국민은행의 경우 2024년 하반기 채용에서 120분 동안 알고리즘 3문제와 SQL 1문제를 출제했다. 이전 대비 난이도가 상승했다는 후기가 많았다.

일부 기업들은 생성형 AI를 활용한 채용 프로세스 혁신을 도입하고 있다. 각 단계별로 AI 적용 방식을 살펴보자.

❶ 서류 전형의 AI 지원

AI가 1차 서류 스크리닝을 담당하고, 지원서의 핵심정보를 자동 분석하여 적합한 지원자를 선별하며, 기존 채용 데이터를 바탕으로 우수한 후보를 정교하게 분류한다.

❷ AI 활용 역량 평가

AICT(AI Competency Test, AI 활용 역량 평가)는 지원자의 AI 활용 능력과 실무 역량을 동시에 평가한다. 특히 주목할 점은 평소 자신의 AI 활용 방식이 담겨있어, 실무 역량 평가에 최적화된 테스트 방식이라는 것이다.

AI 활용 역량 평가 구체적 평가 요소

- 순발력과 집중력 등 인지 능력 측정
- 화상을 통한 커뮤니케이션 역량 평가
- 가상 시나리오 문제 해결 능력 분석
- 조직문화 적합도 진단

❸ AI 면접 시스템

AI 면접은 1차 면접을 사람이 아닌 AI가 완전 자동으로 진행하는 것이다. 이때 AI는 서류 등 이전 전형의 결과를 바탕으로 지원자 맞춤형 질문을 자동 생성하고 지원자의 답변 내용뿐 아니라 표정, 음성 등을 종합적으로 분석하여 지원자의 커뮤니케이션 능력과 기본적인 인성, 상황 대처 능력 등을 평가한다.

❹ 허위 지원서 검증

가장 혁신적인 AI의 기능 중 하나는 허위 이력서나 자기소개서를 자동 검증하는 것이다. 지원자가 이력서나 자기소개서를 허위로 작성하여 AI가 생성한 맞춤형 면접 질문에 제대로 답변하지 못하는 사례도 있었다.

▸▸ 상담 현장 활용 팁

"AI 채용 프로세스는 어떻게 준비해야 하나요?"라는 질문을 받으면,
- 기존 인·적성 검사와 달리 AI 활용 역량 자체도 평가 대상
- 사전 연습이 매우 중요(서울시 등에서 무료 체험 프로그램 운영)
- 일관성 있는 답변과 자연스러운 태도가 핵심
- 'AI를 다루는 능력'보다는 'AI와 협업하는 마인드' 평가
- 허위 작성은 절대 금물(AI가 맞춤형 질문으로 검증)

○ 지원자 취업 준비의 변화

지원자들의 취업 준비 방식도 크게 바뀌었다. 가장 큰 변화는 '개인 맞춤형 취업 준비'의 확산이다. AI가 개별 지원자의 경력과 역량을 분석해 맞춤형 취업 전략을 제공한다. 마케팅직을 희망하는 A씨의 사례다. AI 분석 결과 '데이터 분석 역량이 부족하다'는 피드백을 받았다. AI는 구체적 제안도 했다. 어떤 강의를 들어야 하는지, 어떤 프로젝트를 해야 하는지까지.

포트폴리오 제작도 AI의 도움을 받는다. 특히 디자인 직군은 AI로 초안을 만들고 여기에 개성을 더하는 방식으로 작업 시간을 단축시킨다. 2024년 하반기 조사에 따르면, 청년 구직자의 78%가 이력서 작성에 생성형 AI를 활용한다고 답했다. 자기소개서는 물론 면접 준비까지 AI의 도움을 받고 있다.

하지만 역설적인 현상이 나타났다. AI로 인해 모든 지원자의 서류가 상향 평준화되었다는 점이다. 오히려 서류 심사로는 변별력을 찾기 어려워졌다. 그 결과 실무 면접과 프레젠테이션 등 직접적인 역량 평가의 비중이 크게 늘어났다. 실제로 면접에서 자신이 제출한 포트폴리오에 대해 제대로 설명하지 못하는 지원자들이 늘어나고 있다. AI가 만든 결과물과 지원자의 진짜 역량 사이의 괴리가 드러나는 순간이다.

▸ 상담 현장 활용 팁

"AI를 어떻게 활용해야 할까요?"라는 질문을 받으면,
– AI는 도구일 뿐, 최종 결과물에 대한 책임은 본인이 져야 함을 강조
– AI 생성물을 그대로 사용하지 말고 개인적 경험, 감정을 더해 차별화할 것
– AI가 만든 내용은 반드시 본인이 완전히 이해하고 설명할 수 있어야 함

. . . .

AI 면접을 앞둔 내담자에게는,
– 카메라를 정면으로 보고 말하기(시선 처리 중요)
– 평소보다 10% 크게, 천천히 말하기(음성 인식 정확도 향상)
– 밝은 표정 유지하기(AI가 감정 상태를 분석함)
– 키워드 중심으로 답변하기(AI가 핵심어를 추출해 분석)

청년 취업 트렌드

○ 청년들의 취업 태도 변화: 대퇴사와 니드의 시대

"취업했다가 3개월 만에 그만뒀어요. 다시 쉬면서 진짜 하고 싶은 일을 찾고 있습니다."

25세 김모씨의 이야기는 '대퇴사 세대'의 전형적인 사례다. 대퇴사 (大退社)는 2023년부터 본격화된 청년층의 대거 조기 퇴사 현상을 말한다. 입사 후 1년 이내에 퇴사하는 신입사원의 비율이 30%를 넘어서면서 사회적 이슈가 되었다.

청년들이 그만두는 이유는 명확하다.

첫째, 일과 삶의 균형에 대한 가치관 변화다. MZ세대는 야근과 회식을 당연하게 여기지 않는다. 주 52시간 근무제에 익숙한 세대에게 '열정 페이'는 설득력이 없다.

둘째, 정보 접근성 향상이다. 온라인 커뮤니티와 SNS를 통해 다양한 회사의 내부정보를 쉽게 얻을 수 있다. '입사 전 기대'와 '실제 현실'의 간극을 빠르게 파악한다.

셋째, 경제적 여유다. 부모 세대의 경제적 지원을 받을 수 있는 청년들이 늘어나면서 '참고 다닐 이유'가 줄어들었다.

이런 변화는 '니트족(NEET: Not in Education, Employment, or Training)'의 증가로 이어지고 있다. (니트족은 나라에서 정한 의무교육을 마친 뒤에도 진학이나 취직을 하지 않으면서 직업 훈련도 받지 않는 사람이다.) 서울 청년의 니트 비율은 25.6%로, 연령별로는 19~24세가 33.6%로 가장 높았고, 이어 25~29세 26.1%, 30~34세 20.0%, 35~36세 18.5% 순으로 나타났다.

주목할 점은 이들이 '포기'한 것이 아니라 '선택'했다는 것이다. 많은 니트족들이 "의미 있는 일을 찾기 위해 잠시 쉬고 있다"고 답한다. 이는 과거 생계형 실업과는 다른 새로운 패턴이다. 구직 의지는 있지만 자신의 가치관과 맞는 일자리를 찾을 때까지 기다리겠다는 것이다.

통계청에 따르면, 2025년 1월 청년층(15~29세) 취업자는 전년 동월 대비 8만5천 명 감소해 2022년 11월(-5천 명)부터 15개월 연속 감소세가 이어졌다. 하지만 이들이 정말 '쉬고' 있는 것은 아니다. 많은 청년들이 쉬는 시간 동안 새로운 기술을 익히거나 창업을 준비한다. 유튜브나 인스타그램을 통해 개인 브랜딩을 하기도 한다.

▸▸ **상담 현장 활용 팁**

대퇴사나 니트 상태의 청년 내담자를 만날 때,
- '왜 그만뒀느냐'가 아닌 '무엇을 찾고 있느냐'로 접근
- 휴식 기간 동안의 성장 활동 발굴 및 인정

- 단기적 목표와 장기적 비전을 분리해서 상담
- 경제적 현실과 이상 사이의 균형점 찾기 지원

○ 청년 채용 시장의 변화: 경력직, 실무 중심

청년 채용 시장의 가장 큰 변화는 신입사원 채용의 급격한 감소다. 2024년 고용부가 발표한 500대 기업 조사 결과, 정기 공채 규모는 전년 대비 15% 감소했다. 반면 수시 채용과 경력직 채용은 각각 23%, 34% 증가했다.

이런 변화는 기업의 효율성 추구에서 비롯된다. 뽑은 뒤 교육을 해야 하는 신입사원보다는 즉시 투입 가능한 인력을 선호하는 것이다. AI 도입으로 단순 업무가 줄어들면서 '학습형 인재'보다 '실무형 인재'에 대한 수요가 늘어난 것도 영향을 미쳤다.

이런 변화는 청년들에게 역설적인 상황을 만들어 낸다. 첫 번째 취업보다 두 번째, 세 번째 취업이 더 중요해진 것이다. 일부 대기업들이 신입 공채를 폐지하고 '경력사원 특별 전형'을 신설하는 사례가 늘어나고 있다. 졸업 후 2년 이상 실무 경험이 있거나 관련 프로젝트 경험이 있는 지원자만 받는 것이다.

이런 트렌드는 청년들의 취업 전략에도 변화를 가져왔다.

첫째, '프로젝트 중심 경력 쌓기'가 확산되고 있다. 정규직 취업 전에 프리랜서나 계약직으로 실무 경험을 쌓는 청년들이 늘어났다.

둘째, '스킬 스택(Skill Stack)' 개념이 보편화됐다. 하나의 전공이나 기능에만 의존하지 않고 여러 분야의 기술을 습득함으로써 복합직 경쟁력을 얻어 다른 지원자들과의 차별화를 꾀해야 한다.

셋째, '네트워킹'의 중요성이 커졌다. 수시 채용이 늘어나면서 '아는 사람의 추천'이나 '업계 인맥'이 취업 성공의 핵심 요소가 되었다.

하지만 이런 변화는 청년들에게 새로운 부담을 지우고 있다. 학교를 졸업하자마자 '경력자'가 되어야 한다는 압박감이다. 이는 대학 재학 중 인턴십과 대외 활동에 대한 경쟁을 더욱 치열하게 만들고 있다.

▸▸ 상담 현장 활용 팁

"신입 공채가 줄어들어 걱정입니다"라는 청년에게,
- 경력직 채용 증가를 기회로 전환하는 마인드셋 교육
- 대학 재학 중 실무 경험 쌓을 수 있는 방법 안내(인턴십, 프로젝트, 공모전 등)
- 스킬 스택 구축을 위한 개인별 로드맵 수립 지원
- 업계별 네트워킹 방법과 채널 소개
- 단계별 커리어 플랜 수립(1차 취업 → 경력 쌓기 → 2차 취업)

○ 청년 취업 준비 방법의 변화

청년들의 취업 준비 방식도 기존과는 완전히 달라졌다. 가장 큰 변화는 취업 준비의 '전략화'와 '개인화'다.

❶ 전략적 취업 준비

과거처럼 무작정 많은 기업에 지원하는 방식에서 벗어나 '타겟팅'

이 중요해졌다. 청년들은 자신의 강점과 관심사를 명확히 파악한 후, 그에 맞는 기업과 직무를 선별해 집중적으로 공략한다.

예를 들어, 마케팅을 희망하는 B씨는 브랜드 마케팅, 디지털 마케팅, 퍼포먼스 마케팅 중에서 자신의 적성에 맞는 분야를 먼저 정하고, 해당 분야가 강한 기업 3~5곳을 선정해 맞춤형 준비를 한다. 각 기업의 마케팅 전략과 최근 캠페인을 분석하고, 자신만의 개선안을 준비해 면접에서 어필한다.

❷ 역량 중심의 포트폴리오 구성

학점이나 토익 점수보다는 '무엇을 할 수 있는가'를 보여주는 포트폴리오가 중심이 되었다. 청년들은 대학 재학 중부터 프로젝트, 공모전, 창업 동아리, 봉사 활동 등을 통해 실질적인 경험을 쌓는다. 특히 '문제 해결 경험'을 체계적으로 정리하는 것이 중요해졌다. 단순히 '참여했다'가 아니라 '어떤 문제를 발견했고, 어떤 방법으로 해결했으며, 그 결과 어떤 성과를 얻었는가'를 구체적으로 기술한다.

❸ 네트워킹의 전문화

기존의 '인맥 쌓기'와는 다른 전략적 네트워킹이 확산되고 있다. 청년들은 관심 분야의 현직자들과 '커피챗(네트워킹, 채용 등 정보 교류를 목적으로 가볍게 커피 한산하며 나누는 대화)'을 통해 실무정보를 얻고, 업계 세미나나 콘퍼런스에 참석해 트렌드를 파악한다. 링크드인, 원티드 등 전문 플랫폼을 활용한 온라인 네트워킹도 활발하다. 자신의 전문성을 꾸준히 드러내며 업계 관계자들과 연결되는 것이 중요한 취업 전략이 되었다.

○ 청년 취업 지도 방식의 변화

청년 대상 취업 지도 방식도 그들의 특성에 맞게 진화하고 있다. 기존의 '일방향 정보 제공'에서 '쌍방향 코칭'으로 패러다임이 변화했다.

❶ 개별 맞춤형 상담의 확산

청년들은 획일적인 조언보다는 자신만의 상황에 맞는 구체적인 가이드를 원한다. 상담사들도 이에 맞춰 개별 분석을 통한 맞춤형 솔루션 제공에 집중하고 있다. 예를 들어, 전공과 관심 분야가 다른 청년에게는 '전공 활용 vs 관심 추구'의 딜레마를 해결하는 단계별 접근법을 제시하는 것이 중요하다. 경제적 현실과 이상적 직업 사이에서 고민하는 청년에게는 단기-중기-장기 계획을 나누어 현실적인 로드맵을 함께 설계하도록 돕는 것이 필요하다.

❷ 멘토링과 코칭의 결합

전통적인 상담에서 한 발 더 나아가 멘토링과 코칭을 결합한 형태가 인기를 끌고 있다. 단순히 정보를 제공하는 것이 아니라 청년이 스스로 답을 찾아갈 수 있도록 돕는 것이다. 실제 기업에서 일하고 있는 현직자가 멘토로 참여해 생생한 업계정보를 제공하고, 전문 코치가 목표 설정과 실행 계획을 함께 수립하는 방식이다. 이를 통해 청년들은 현실적이면서도 구체적인 취업 전략을 세울 수 있다.

❸ 디지털 플랫폼과 오프라인의 융합

온라인 플랫폼을 통한 정보 제공과 오프라인 상담의 상점을 결합한 하이브리드 모델이 확산되고 있다. 청년들은 온라인에서 기초 진단과 정보 수집을 하고, 오프라인에서 심층 상담과 실전 훈련을 받는다. 특히 또래 청년들과의 그룹 상담이나 스터디 형태의 프로그램이 인기다. 혼자서는 해결하기 어려운 고민을 비슷한 상황의 동료들과 나누며 서로 동기부여를 받는 것이다.

▸▸ **상담 현장 활용 팁**

청년 상담 시 효과적인 접근법

– 정답을 주는 것보다 스스로 탐색할 수 있도록 질문으로 유도
– 단기적 취업과 장기적 커리어를 구분해서 상담
– 또래 집단 상담이나 멘토링 프로그램 연계 적극 활용
– 온라인 자료와 오프라인 상담을 단계적으로 조합

중장년 취업 트렌드

○ 중장년의 취업에 대한 태도 변화 : 저속은퇴

"정년까지 3년 남았지만, 오히려 새로운 도전을 준비하고 있어요."

올해 57세인 박모씨는 은퇴를 앞둔 중장년층의 새로운 모습을 보여 준다. 기존의 중장년층이 은퇴 후 쉬거나 단순한 일자리를 찾았다면, 지금의 중장년층은 다르다. 이들은 '저속은퇴(慢退休)'라는 새로운 패턴을 보이고 있다.

저속은퇴란 갑작스럽게 모든 업무에서 손을 떼는 것이 아니라, 점 진적으로 업무량을 줄여가며 천천히 은퇴하는 방식을 말한다. 한국은 행이 발표한 '2차 베이비부머의 은퇴연령 진입에 따른 경제적 영향 평 가'에 따르면, 55~79세를 대상으로 한 설문조사에서 계속근로를 희망 하는 응답자 비중이 2012년 59.2%에서 2023년 68.5%로 상승했다.

중장년층의 계속근로 의향이 높아진 데는 두 가지 이유가 있다.

첫째, 경제적 필요성이다. 기대수명이 늘어나면서 은퇴 후 생활자금에 대한 부담이 커졌다. 공적연금만으로는 생활이 어려운 현실이다.

둘째, 자아실현에 대한 욕구다. 2차 베이비부머(1964~1974년생)는 이전 세대보다 교육 수준이 높고 전문성을 갖춘 경우가 많다. 이들은 단순히 생계를 위해 일하는 것이 아니라, 자신의 능력을 발휘하고 사회에 기여하고 싶어한다.

❶ '완전한 은퇴'에서 '점진적 전환'으로

기존에는 60세 정년을 맞으면 완전히 직장에서 물러나는 것이 일반적이었다. 하지만 지금은 다르다. 많은 중장년층이 주 업무는 줄이면서도 파트타임이나 컨설턴트로 계속 활동한다. 실제로 60세 이상 경제 활동 참가율이 2010년 이후 꾸준히 상승하고 있다. 특히 우리나라 65세 이상 인구의 노동 공급은 주요국에 비해 상당히 높은 수준이다. 이는 중장년층의 강한 근로의욕을 보여주는 지표다.

❷ 새로운 일의 형태 등장

중장년층의 일하는 방식도 변화하고 있다. 과거처럼 한 직장에 매여있는 것이 아니라, 여러 활동을 병행하는 'N잡러'가 늘어나고 있다. 예를 들어, 카페를 운영하면서 강의를 하거나, 글을 쓰면서 컨설팅을 하는 식이다.

이러한 변화는 기업과 정책에도 영향을 미친다. 일본처럼 정년 연장, 계속고용 제도, 시간제·프로젝트형 계약을 활용해 고령 인력이 단계적으로 은퇴할 수 있도록 지원하는 제도 논의가 확대되고 있다. 상담 현장에서 중장년 내담자를 만난다면, 완전 은퇴 대신 단계적 전환 모델을 함께 설계하는 접근이 필요하다.

▸▸ 상담 현장 활용 팁

"은퇴가 두렵습니다"라는 중장년 내담자에게,

- 은퇴를 '끝'이 아닌 '새로운 시작'으로 프레임 전환 지원
- 점진적 은퇴 방법과 다양한 계속근로 옵션 안내
- 경제적 준비와 함께 생애 설계 관점에서 상담 진행
- 보유 경험과 전문성을 활용할 수 있는 분야 탐색 지원

◦ 중장년 이직·전직 시장의 변화
: 실무형 전문가, 변화 수용력

❶ 실무형 전문가의 부상

중장년 채용 시장에서 각광받는 또 하나의 키워드는 '실무형 전문가'다. 이는 전문성에 더해 즉시 현장 투입이 가능한 실무 능력을 갖춘 인재를 의미한다. 단순히 한 분야에서 오래 일한 경력이 있다고 해서 시장 경쟁력이 높아지는 시대는 지났다.

AI와 디지털 전환 속도가 빨라진 현재, 실무형 전문가가 되기 위해서는 다음이 필수다.

- 전문성 위에 디지털 역량 추가: 기존 경험에 AI 도구, 데이터 분석, 온라인

협업 플랫폼 활용 능력을 결합

- 지속적인 실무 경험: 리더 직책에 있더라도 실제 업무의 일부를 직접 수
행해 실무 감각을 유지
- 독립 수행 능력 확보: 조직을 떠나면 지원 인력이 없기 때문에, 기획부터
실행까지 혼자 처리할 수 있는 역량 필요

예를 들어, 생산관리 부서에서 20년 이상 근무한 관리자가 단순 보고·관리 경험만 있고 최신 생산관리 시스템이나 AI 분석 툴을 다뤄본 적이 없다면, 은퇴 후 동일 분야로 재취업하기 어려울 수 있다. 반대로 현직에서 최신 기술을 익히고 실무 프로젝트에 직접 참여한 사람은 시장에서 '즉시 투입 가능한 전문가'로 인정받는다.

❷ 변화 수용력: 중장년 성공 전환의 필수 조건

변화 수용력은 급격하게 변하는 기술·산업 환경 속에서 빠르게 흐름을 읽고, 그 변화를 거부감 없이 받아들이는 능력을 말한다. 한국은행 조사에 따르면, 현재 60대 이상 인구는 교육 수준과 IT 활용 능력이 과거 세대보다 높지만, 세대 간 기술 격차는 여전히 존재한다.

실제 한 공기업의 세대 갈등 사례를 보면, 중장년 직원이 후배를 위해 정성껏 조언했음에도 불구하고, 그 조언이 최신 설비나 시스템에는 적용되지 않아 갈등이 발생했다. 즉, 조언의 '의도'보다 '내용의 최신성'이 중요한 시대가 된 것이다.

변화 수용력이 낮으면 본인의 경험이 오히려 걸림돌이 될 수 있다. 반대로, 열린 태도로 새로운 기술과 업무 방식을 적극적으로 받아들이면, 오랜 경험과 최신 트렌드가 결합된 '하이브리드 역량'을 갖출 수

있다. 이를 위해서는 다음과 같은 노력이 필요하다.

- 기술 학습의 지속성: 디지털 툴, AI 기반 업무 자동화, 데이터 분석 기초 등을 꾸준히 학습
- 현업과의 접점 유지: 후배 세대와 협업하며 새로운 업무 방식을 직접 체험
- 경험 재해석: 과거 성공 사례를 현재 기술 환경에 맞게 변형·적용

▸▸ 상담 현장 활용 팁

"나이 때문에 취업이 어려울 것 같습니다"라는 중장년에게,

- 연령이 아닌 전문성과 경험에 집중하도록 마인드셋 전환 지원
- 디지털 역량 강화를 위한 구체적 교육 방안 제시
- 기존 경력을 새로운 분야에 적용할 수 있는 방법 탐색
- 유연한 근무 형태의 장점과 활용법 안내
- 업계별 중장년 인력 수요 동향 정보 제공

·· 4 ··

시니어 취업 트렌드

○ 시니어의 취업에 대한 태도 변화
: 영시니어와 액티브 시니어의 부상

지난 5월, 서울 종로구 탑골공원에서 만난 74세 김모씨는 여전히 택시를 운전한다. "은퇴? 아직 생각해 본 적 없어요. 몸이 괜찮은 한 계속 일할 거예요." 그의 말처럼 오늘날 시니어들의 취업 태도는 과거와 완전히 달라졌다.

❶ 1,000만 명 시대를 맞은 고령 취업자

2025년 통계청 발표에 따르면, 55세 이상 고령층 취업자가 978만 명을 기록해 사상 최대치를 달성했다. 이는 1년 사이 34만4천 명이 증가한 수치다. 더 놀라운 것은 고령층 경제 활동 인구가 처음으로 1,000만 명을 돌파했다는 점이다.

이제 시니어들은 단순히 '은퇴를 기다리는 세대'가 아니다. 이들을 일컫는 새로운 용어가 등장했다. 바로 '영시니어(Young Senior)'와 '액티브 시니어(Active Senior)'다. 영시니어는 나이는 들었지만 젊은 마음가짐으로 활발하게 활동하는 시니어를, 액티브 시니어는 은퇴 후에도 왕성한 사회 활동을 펼치는 시니어를 의미한다.

❷ 73.4세까지 일하고 싶은 시니어들

가장 주목할 변화는 시니어들의 근로 의지다. 통계청 조사 결과, 고령층의 69.4%가 장래에도 계속 일하기를 희망한다고 답했다. 이들이 원하는 평균 근로 연령은 73.4세로, 전년보다 0.1세 상승해 2011년 관련 통계 집계 이래 가장 높았다.

"예전에는 60세면 은퇴였어요. 지금은 60세가 시작이죠." 올해 65세에 카페를 창업한 박모씨의 말이다. 실제로 평균 수명이 늘어나면서 시니어들의 '인생 2막'에 대한 인식이 완전히 바뀌었다.

❸ 생존에서 자아실현으로

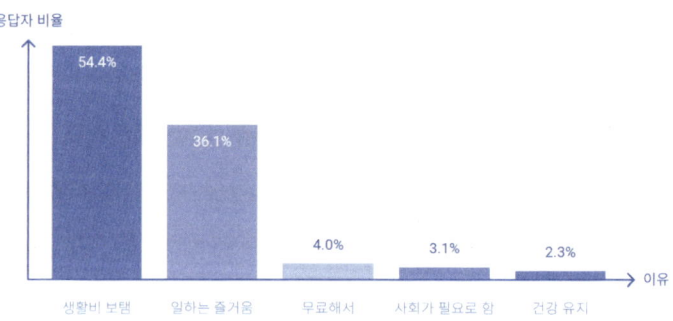

시니어들이 일하는 이유(출처: 통계청)

시니어들이 일하는 이유도 변화하고 있다. 과거에는 '생계유지'가 절대적이었다면, 이제는 보다 다양한 동기가 나타난다.

주목할 점은 '일하는 즐거움' 36.1%로 상당한 비중을 차지한다는 것이다. 이는 시니어들이 단순히 돈을 벌기 위해서가 아니라, 자아실현과 사회적 가치 창출을 위해 일한다는 의미다.

❹ 새로운 시니어, 새로운 도전

최근 시니어들은 과감한 도전도 마다하지 않는다. 유튜브 크리에이터가 되거나, 온라인 쇼핑몰을 운영하거나, 새로운 기술을 배워 전혀 다른 분야에 뛰어드는 시니어들이 늘고 있다.

"나이가 들었다고 새로운 것을 못 배울 이유가 있나요?" 70세에 컴퓨터를 배워 온라인 강사가 된 이모씨의 말처럼, 시니어들의 학습 의욕과 도전 정신은 그 어느 때보다 뜨겁다.

○ 시니어 채용 시장의 변화
: 계속고용과 새로운 기회

❶ 계속고용 제도의 확산

이런 현실을 반영해 기업들도 변화하고 있다. '계속고용' 제도가 확산되고 있는 것이다. 이는 정년에 도달한 직원을 퇴직시키지 않고 계속고용하거나, 퇴직 후 재고용하는 제도다.

일본의 경우, 이미 99.9%의 기업(31인 이상)이 65세까지 고용 확보 조치를 실시하고 있다. 우리나라도 37.9%의 기업이 퇴직 후 재고용 제도를 도입했고, 이 비중은 꾸준히 증가하고 있다.

❷ 시니어 친화적 일자리의 등장

시니어 채용 시장에서 가장 눈에 띄는 변화는 '시니어 친화적 일자리'의 등장이다. 이는 단순히 나이 제한을 없앤 것이 아니라, 시니어의 특성을 고려해 설계된 일자리를 의미한다.

올해 보건·사회·복지업 취업자는 134만3천 명으로 1년 사이 13만3천 명이 증가했다. 이는 고령화 사회에서 케어 서비스 수요가 늘어나면서 시니어들의 경험과 노하우가 주목받고 있기 때문이다.

통계에 따르면, 60세 이상 취업 알선 직종의 49.7%가 경비·청소직이고, 환경미화원, 주방보조원 등을 포함하면 72.2%가 단순노무직에 집중되어 있다. 특히 아파트 경비원이나 빌딩 관리 업무는 시니어들이 가장 많이 종사하는 대표적인 일자리다. 또한 운송업계도 이미 고령화가 진행되어 택시 운전자 평균 연령이 62.8세, 화물차 운전자도 50세 이상이 대부분을 차지하고 있어, 시니어들이 자연스럽게 참여할 수 있는 분야가 되었다.

❸ 새로운 근무 형태의 확산

시니어들을 위한 유연한 근무 형태도 확산되고 있다.

- 시간제 근무: 체력적 부담을 줄이면서도 전문성을 발휘할 수 있는 형태
- 프로젝트 기반 근무: 특정 프로젝트에만 참여하는 형태

- 멘토링 역할: 후배들을 지도하고 교육하는 역할
- 원격근무: 디지털 기술을 활용한 재택근무

❹ 정부 정책의 변화

정부도 시니어 고용 활성화를 위한 정책을 강화하고 있다. 2024년 노인 일자리 사업 예산은 103만 개 일자리 창출을 목표로 편성되었고, 고령자 '계속고용장려금' 제도도 확대 운영되고 있다.

하지만 현재 정부의 노인 일자리 사업은 63.5%가 공익 활동 형태로, 월 29만 원 수준의 활동비를 지급하는 수준이다. 시니어들이 원하는 300만 원 이상의 임금 수준과는 상당한 차이가 있어, 보다 실질적인 일자리 창출이 필요한 상황이다.

▸▸ **상담 현장 활용 팁**

시니어 내담자 상담 시 고려사항
- 시니어의 근로 의지와 목표를 명확히 파악하기
- 생계형과 자아실현형을 구분한 맞춤형 상담 제공
- 기존 전문성과 경험을 활용할 수 있는 분야 탐색
- 체력적 한계를 고려한 현실적인 근무 조건 설정
- 새로운 기술 학습에 대한 의지와 가능성 평가
- 가족 상황과 건강 상태를 종합적으로 고려한 진로 설계

취업 준비 방법의 변화

○ 생성형 AI로 취업 준비 자동화

2025년 취업 준비 현장에서 가장 눈에 띄는 변화는 'AI 도구의 전면적 확산'이다. 불과 2~3년 전만 해도 AI 활용은 일부 IT 직군이나 기술 친화적인 구직자에 국한되었지만, 이제는 모든 산업군에서 보편화되고 있다. 무하유(논문 표절을 잡아내는 AI 솔루션 '카피킬러'를 만든 개발사)의 AI 자기소개서 분석에 따르면, 2024년 하반기 실제 채용 전형에 제출된 자기소개서 중 48.5%가 생성형 AI로 작성되었다. 특히 하반기에는 비율이 63.6%까지 치솟았다.

AI 활용 범위도 확대됐다. 자기소개서뿐 아니라, 지원 기업 분석, 산업 트렌드 조사, 면접 예상 질문 생성, 포트폴리오 디자인까지 전 과정이 AI로 가능해졌다. 예를 들어, 구직자 A씨는 AI로 채용 공고를 분석해 해당 직무의 핵심 요구 역량을 도출했고, 이를 기반으로 자기소개서 문항별 키워드와 사례를 구조화했다. 면접 대비 단계에서는 AI가 예상 질문을 생성하고, A씨의 답변에 맞춘 꼬리 질문까지 제공했다.

이러한 변화는 '속도'와 '확장성'을 동시에 가져왔다. AI를 이용하면 하루에 수십 개 기업에 맞춤형 지원서를 작성할 수 있다. 그러나 여기에는 함정이 있다. AI가 만들어 낸 문장은 매끄럽지만, 개별성·독창성이 떨어지고, 표절률이 높아질 위험이 크다. 2025년 1분기 분석에 따르면, AI 작성 자기소개서의 평균 표절률은 24.1%로, 사람이 표절한 문서보다도 높았다. 이유는 단순하다. 많은 구직자가 비슷한 프롬프트를 사용해 유사한 문장이 반복 생성되기 때문이다.

▸▸ 상담 현장 활용 팁

- AI 활용 여부보다 '어떻게 활용했는가'를 평가 기준으로 안내
- AI가 제시한 결과물에 개인 경험·감정을 반드시 덧입히도록 지도
- 면접에서 본인 아이디어와의 차별점을 설명할 수 있도록 지도

○ 채용 프로세스 변화에 따른 준비 방식 조정

기업 측에서도 지원자들의 AI 활용 확산에 대응해 채용 프로세스를 재설계하고 있다. 고용노동부 조사에 따르면, 매출 상위 500대 기업의 61%가 '컬처핏(조직문화 적합성) 평가'를 도입했으며, 인적성 검사·실무 면접·자기소개서·임원 면접 등 다양한 단계에서 이를 확인한다. AI가 만든 완벽한 문장보다, 지원자의 진짜 경험과 조직문화 적합

성을 묻는 질문이 늘어난 이유다.

또한 경총 조사에 따르면, 기업의 70.8%가 '수시 채용만 실시한다' 고 답했다. 취업 시즌이라는 개념이 흐려지고, 필요할 때 즉시 투입 가능한 인재를 찾는 흐름이 강화되고 있다. 이는 구직자에게 '상시 준비' 와 '신속 대응력'을 요구한다. 예전처럼 상·하반기 공채 시기에 맞춘 장기 준비보다, 채용 공고가 뜨는 즉시 서류와 포트폴리오를 제출할 수 있는 상태를 유지해야 한다.

▸▸ **상담 현장 활용 팁**

– 이력서·포트폴리오 '상시 업데이트'를 습관화하도록 지도한다.
– 관심 기업의 채용 페이지를 상시 모니터링하는 알림 시스템을 세팅하도록 돕는다.
– 컬처핏 관련 질문(갈등 해결 경험, 가치관 등)에 대한 스토리를 미리 만들어 두도록 한다.

○ 퍼스널 브랜딩의 중요성 확대

채용 시장이 AI와 자동화로 표준화될수록, 오히려 '개인 브랜드'가 강력한 차별 요소가 되고 있다. 퍼스널 브랜딩은 단순한 SNS 활동을 넘어, '이 사람은 어떤 분야의 전문가인가?'를 시장에 각인시키는 작업이다.

예를 들어, IT 개발자인 B씨는 GitHub에 꾸준히 코드를 업로드하고, 기술 블로그에 문제 해결 과정을 기록했다. 이 활동은 채용 담당자가 검색만 해도 확인할 수 있는 '실시간 포트폴리오' 역할을 했다. 디자인 직군의 경우, 비핸스·인스타그램·개인 홈페이지를 통한 시각적 브랜딩이 효과적이다.

2025년 현재, 기업들은 '다이렉트 소싱(Direct Sourcing)'을 적극적으로 활용하고 있다. 경총 조사에서 9%의 기업이 직접 인재를 찾아 제안하는 방식을 활용한다고 답했다. 이는 온라인상에서 자신의 전문성을 꾸준히 드러낸 구직자가 '찾아오는 제안'을 받을 가능성을 높인다.

▸▸ 상담 현장 활용 팁

- 온라인 프로필(링크드인, 원티드 프로필, 포트폴리오 사이트) 완성도를 점검해 준다.
- 검색 시 상위 노출될 수 있도록 키워드 전략을 설계한다.
- 프로젝트·성과를 꾸준히 기록하고, 이미지·영상 자료로 시각화하는 방법을 교육한다.

○ 'AI + 사람' 하이브리드 전략

AI를 완전히 대체하는 취업 준비는 위험하다. 서류는 AI가 구조를 잡고, 세부 내용은 사람이 채운다. 면접은 AI가 예상 질문을 뽑아주지만, 실제 답변은 지원자의 언어로 다듬는다. 이를 '하이브리드 전략'이라 부른다.

고용노동부는 '구직자 도약 보장 패키지'를 통해 AI 기반 직무 역량 진단과 맞춤형 경력 설계를 제공하면서, 1:1 상담으로 이를 보완하고 있다. 이는 상담 현장에도 시사하는 바가 크다. 초기 분석은 AI로 신속하게 수행하고, 심층 해석과 실행 전략은 상담사가 맡는 구조가 효과적이다.

AI 자동화·수시 채용·컬처핏 중심 채용·퍼스널 브랜딩 강화라는 4대 축은 앞으로도 지속될 가능성이 크다. 그러나 모든 변화가 기회만을 의미하지는 않는다. AI에 과도하게 의존하면 '내 것'이 사라지고, 브랜딩이 부실하면 채용 시장에서 존재감이 희미해진다. 반대로, AI를 도구로 삼아 자신만의 경험과 브랜드를 강화하는 구직자는 '찾아오는 제안'을 받을 확률이 높아진다.

▸ 정리

- 자동화의 시대, 준비는 더 '개인화'된다.
- AI는 속도를, 퍼스널 브랜딩은 깊이를 만든다.
- 채용의 시계는 연 2회에서 '365일'로 바뀌었다.
- 상담사는 AI 활용과 사람다움 사이의 균형을 설계하는 조력자가 되어야 한다.

취업 상담 방식의 변화

◦ 1:1 초밀춤형 취업 컨설팅

"상담사님, 저는 금융권 취업을 준비하는데 다른 분들과는 어떻게 다르게 준비해야 할까요?"

26세 김모씨의 질문은 기존 취업 상담 방식의 한계를 보여준다. 이전에는 기업 분류별 또는 직무별로 상담을 진행하는 것이 기본이었다. '금융권 준비생 집단 상담', '마케팅직 취업 특강'처럼 유사한 목표를 가진 구직자들을 그룹으로 묶어 상담하는 방식이 일반적이었다.

하지만 AI 시대에는 기술의 발전으로 1:1 맞춤형 컨설팅 방식이 중심이 될 것이다. AI가 개별 구직자의 학력, 경력, 성향, 관심 분야를 종합 분석해 개인별 맞춤형 취업 전략을 제시할 수 있게 되었기 때문이다.

취업 계획 수립부터 입사서류, 필기 평가, 실무 면접, 대면 면접 등 모든 부분을 AI로 케어하며, 심지어 더 쉽게 진행할 수 있게 되었다. 구직자 개인의 데이터를 기반으로 한 성교한 분석이 가능해진 것이다.

예를 들어, 마케팅직을 희망하는 A씨는 AI 분석 결과 '창의성은 높지만 데이터 분석 역량이 부족하다'는 피드백을 받았다. AI는 이를 바탕으로 A씨에게 맞는 구체적인 개선 방안을 제시했다. 어떤 강의를 들어야 하는지, 어떤 프로젝트를 진행해야 하는지, 어떤 자격증을 취득해야 하는지까지 상세한 로드맵을 제공한 것이다.

이러한 변화는 취업 상담의 효율성을 크게 높였다. 상담사는 개별 구직자에게 더 정확하고 구체적인 조언을 제공할 수 있게 되었고, 구직자는 자신만의 차별화된 취업 전략을 수립할 수 있게 되었다.

▸▸ 상담 현장 활용 팁

- 취업 상담 계획서 작성: AI를 활용해 구직자 분석 및 단계별 취업 계획 수립
- 맞춤형 이력서·자기소개서 작성: 지원 기업과 직무에 최적화된 서류 작성 지원
- AI 실무 역량 평가: 구직자의 실제 업무 능력을 객관적으로 측정하고 개선점을 제시

◌ AI 하이브리드 컨설팅: 기존 상담과 AI의 융합

❶ AI 활용에 대한 인식 변화

취업 상담에서 AI 활용에 대한 인식이 빠르게 변화하고 있다. 2023년 하반기 한국고용정보원 조사에 따르면, AI를 자기소개서에 활용하는 비율이 상당히 높게 나타났지만, 기업들의 평가는 부정적이었다.

하지만 2025년 인크루트의 조사에 따르면, 부정적으로 평가하는 비중이 훨씬 줄었다는 것을 알 수 있다. 인사 담당자 56.2%는 생성형 AI 활용 능력이 지원자의 스펙이라고 응답했다. 기업에서 취업 준비에 생성형 AI를 활용하는 것에 대한 생각이 바뀌어 가고 있는 것이다.

채용 과정에서 지원자가 자기소개서에 생성형 AI를 활용하는 것에 대해 인사 담당자 29.4%가 긍정적이라고 응답했다. 부정적이라고 생각하는 인사 담당자는 33.3%로, 부정적 인식이 여전히 존재하지만 긍정적으로 보는 시각도 상당하다는 점을 확인할 수 있다.

❷ AI 활용의 뉴노멀화

생성형 AI를 활용해 취업을 지도하는 것이 본질을 흐린다거나, 일을 하지 않으려는 행태로 비칠 수 있었기 때문에 부정적인 의견도 있었다. 하지만 생성형 AI가 지속적으로 발전하고 있으며, 활용할 수 있는 범위도 늘어나고 있기 때문에 취업 지도에 AI를 활용하는 것은 이제 뉴노멀이라고 할 수 있다.

인사 담당사가 생성형 AI 활용을 긍정적으로 바라보는 이유에 대해 물어본 결과, '지원자의 기술 활용 능력을 간접적으로 나타내서 (68.9%)'가 1위로 꼽혔다. 이는 AI 활용 능력 자체가 중요한 역량으로 인식되고 있음을 보여준다.

내담자들도 취업 준비에 생성형 AI를 적극적으로 활용하는 추세이기 때문에 상담자가 적극적으로 활용하지 않으면 적절한 대응을 할 수 없다. 따라서 취업에 적절하게 AI를 활용하는 방법을 알려줄 수 있도록 상담자도 AI 활용에 대한 이해를 높이는 것이 바람직하다.

❸ 하이브리드 방식의 필요성

AI만으로는 해결할 수 없는 영역이 여전히 존재한다. 구직자의 심리적 상태, 개인적 고민, 가치관 등은 인간 상담사의 직관과 경험이 필요한 부분이다. 반대로 AI는 객관적 데이터 분석, 최신 취업 트렌드 파악, 맞춤형 콘텐츠 생성 등에서 뛰어난 성능을 보여준다.

실제 채용 시 자기소개서에 생성형 AI를 활용했는지 확인하는 기업은 27.5%에 불과했다는 점을 고려할 때, 무작정 AI를 금지하기보다는 올바른 활용법을 교육하는 것이 현실적이다.

▸▸ 상담 현장 활용 팁

생성형 AI 활용 시 주의사항
- AI 의존도 관리: AI는 도구일 뿐, 결과물에 대한 책임은 구직자 본인이 져야 함을 강조
- 개인화 작업 필수: AI가 생성한 내용을 개인의 경험과 감정으로 재구성하도록 지도
- 진정성 확보: 면접 과정에서 자신의 사례와 상황을 구체적으로 설명할 수 있도록 지도
- 지속적 학습: AI 기술 발전에 맞춰 상담사도 최신 AI 도구 활용법 공부

AI 하이브리드 컨설팅은 단순히 기술을 도입하는 것이 아니라, 인간의 따뜻함과 AI의 정확성을 결합한 새로운 상담 패러다임이다. 이를 통해 구직자는 더 효과적이고 개인화된 취업 지원을 받을 수 있게 될 것이다.

▽
▽
▽

직업정보와
활용

변화하는 시대의 직업정보

○ 직업 상담 분야에서 직업정보의 중요성과 필요성

오늘날 '직업'은 더 이상 단순한 생계 수단으로만 인식되지 않는다. '직업'은 생계 수단 그 이상의 의미로 자신의 정체성 부여와 함께 사회적 관계 및 궁극적으로는 자아실현의 매개가 되고 있다. 다시 말해 우리는 직업을 통해서 개인의 삶의 방향을 설정하고, 경제적 기반을 마련하며, 사회 구성원으로서 역할과 책임을 수행하고 있다.

직업이 지닌 무게와 영향력이 큰 만큼, 직업에 대한 정보, 즉 '직업정보'는 우리 삶에서 필수적인 요소로 여겨진다. 직업정보를 간단하게 정의해 본다면 '직업에 대한 모든 유용한 정보'라고 말할 수 있으며 직업상담사는 이러한 직업정보를 필요로 하는 내담자들에게 제공하여 직업의 의미를 함께 찾아가는 동반자 역할을 하고 있다.

직업정보에는 특정 직업의 직무 내용, 자격 요건, 필요 역량, 근무 조건, 고용 전망, 임금 수준, 관련 교육 과정 및 준비, 그리고 산업 동향과 취업처에 이르기까지 포괄적인 내용을 포함한다. 이러한 직업정보는 직업의 선택과 변경을 하고자 할 때 또는 개인의 경력 개발을 계획할 때 핵심적인 결정 요인으로 작용한다.

그러나 직업상담사는 정보의 중요성을 인식하더라도, 단순히 많은 정보를 알고 있다는 사실에 안주해서는 안 된다. 직업정보에서 중요한 것은 그 정보의 신뢰성과 대상에 따른 정보의 정확성이며 올바른 정보를 취득하여 활용해야 한다. 따라서 직업정보의 진정한 가치는 정보의 양보다 내담자의 특성에 맞는 직업정보의 적합성과 활용 가능한 유용성에 있다.

4차 산업혁명과 디지털 전환, 초고령화 사회의 도래, 고용 구조의 유연화, 플랫폼 경제의 성장, 긱워커의 등장 등으로 직업 세계는 빠르게 변화하며, 다양한 직업을 경험하거나 새로운 직업을 탐색하고 전환하는 일이 흔해지고 있다. 이에 따른 어려움 겪고 있는 내담자들은 그들이 일하는 방식은 물론이고, 직업의 성격과 시장 수요까지 바뀌는 현실에서 직업상담사의 현실적인 도움을 필요로 한다.

이러한 맥락에서 직업정보를 제공하는 직업상담사는 내담자에게 유용한 정보를 제공할 수 있는 역량을 갖추어야 한다. 변화하는 직업 세계에서 각 대상에 따른 특성과 정보의 본질을 깊이 이해하고, 상담 현장에서 실질적이면서 현실적으로 도움이 되는 정보를 제공해야 하다.

직업 결정은 단순히 개인의 진로에만 영향을 미치는 것이 아니라, 가족, 지역사회, 나아가 전체 노동 시장에두 중요한 요소로 작용한다. 다음은 직업정보의 대략적인 구성 항목이다. 이러한 정보는 고용노동부, 한국고용정보원, 정부24, 민간 채용 플랫폼, 산업별 협회, 선문연

구기관, 유튜브나 블로그 등 다양한 채널에서 확인할 수 있다. 다만 정보가 산재해 있고, 주기적인 업데이트가 필요한 만큼, 직업상담사는 정보를 해석하고 가공하는 능력 또한 필요하다.

직업정보의 구성

직무 내용	해당 직업에서 수행하는 일의 구체적인 내용
요구 역량 및 자격	필요 기술, 자격증, 학력, 경험 등
근무 조건 및 임금 수준	근무 시간과 형태, 근무 환경, 복지 수준, 평균 임금과 보상 체계
고용 전망	향후 해당 직업의 수요와 변화
관련 산업 및 기술 동향	해당 직업이 속한 산업의 변화 추이
관련 교육 과정 및 준비 방법	해당 직업에서 필요로 하는 교육 내용과 준비 방법
취업처 및 경력 개발 경로	취업처 발굴 및 안정적인 경력 개발을 위한 경로 설정

○ 생애 관점에서 바라본 직업정보

직업정보는 전 생애에 걸쳐 각 시기의 발달 과업에 따라 접근 방식과 필요한 정보가 달라질 수 있다. '생애 진로 발달 이론'과 '경력 개발 이론' 등에서도 직업에 대한 인식과 선택이 생애 단계별로 다르게 전개된다고 본다.

먼저 청소년기는 자아정체성을 탐색하고, 직업 세계에 대한 이미지를 형성하는 시기로 진로 탐색의 출발점을 마련하는 시기이다. 이 시기의 직업정보는 구체적인 직업보다는 '어떤 분야에서 어떤 일을 할 수 있는가?', '나의 흥미와 적성과 맞는 직업은 무엇인가?'에 대한 이해를 돕는 방향으로 제공되어야 하며 직업 카드, 진로 적성 검사, 직업(인) 동영상, 체험학습 등이 효과적일 수 있다.

다음으로 청년기는 대학생 및 사회 초년생들이 노동 시장에 진입하여 본격적으로 직업을 선택하는 단계에 속한다. 정책에 따라 청년의 기준은 39세, 일부 지자체에서는 49세까지로 구분되어 교육과 정책이 이루어지고 있다. 이 시기의 구직자에게 제공되는 직업정보는 청소년기보다 구체적이고 실질적이어야 하며, 직무기술서, 자격 요건, 산업 트렌드, 기업정보, 입사 조건 등이 포함되어야 한다. 또한 이직률, 경력 개발 가능성, 기업문화 등도 중요하며 취득한 정보를 비교·분석하여 자신의 경력과 연결할 수 있는 역량도 필요하다.

다음으로 중장년기는 축적된 경험을 토대로 제2의 경력 혹은 직업 전환을 고민하는 시기이다. 이 시기의 직업정보는 이전의 직업 경험을 어떻게 전이시킬 수 있을지에 대한 정보가 핵심이다. 특히 산업 변화에 따른 유망 직종, 국가의 직업 훈련 지원 정책, 창업 및 프리랜서 진출, 디지털 직무 역량 강화 교육 등이 중요하다. 무엇보다 직무의 특성에 따라 정도의 차이는 있겠지만, 4차 산업혁명 시대에 이들의 디지털 리터러시 역량은 직업 경험의 전이 과정에서 핵심적인 역할을 담당할 수 있음을 간과해서는 안 된다. 물론 직무 적합도 분석과 맞춤형 재취업 컨설팅은 이 시기에 큰 도움이 될 것이다.

마지막으로 시니어의 관점에서 직업정보는 생계를 위한 도구이기도 하지만, 더 나아가 사회 참여와 정서적 안정, 삶의 의미와 연결된다. 이 시기에는 단기 일자리, 시간제 근무, 사회공헌형 활동, 멘토링 등 다양한 직업 형태가 존재한다. 우리나라는 OECD 국가 중 노인 빈곤율이 높은 나라에 속한다. 초고령화로 인한 노인 인구의 증가와 노인의 빈곤은 국가적으로 청년세대에게 부담을 준다. 따라서 고령친화 정보 및 직무 개발이 시급하다. 아울러 이들을 위한 정서 관리, 건강 유지, 디지털 활용 역량 제고에 대한 정보가 함께 제공되어야 한다. 특히 디지털 리터러시 교육은 고령층이 새로운 정보에 접근하고 활용하는 데 있어 중요한 역할을 한다.

이러한 직업정보의 패러다임은 과거의 공급 중심적인 정보의 제공에서 수요자 중심의 맞춤형 정보로 빠르게 전환되고 있음을 보여준다. 또한 인공지능 기반 진로 탐색 플랫폼, 진로 시나리오 설계, 개인화된 직업 추천 시스템 등은 앞으로 직업정보의 개인화·정교화를 더욱 가속화할 것이다. 그러나 기술의 발달로 정보를 쉽게 얻을 수 있게 되었더라도, 그 정보를 어떻게 해석하고, 자신의 맥락에 맞게 적용할지는 개인의 몫이다.

또한 직업정보는 단순히 진로라는 큰 틀에서 안내에 머물지 않고, 자기이해, 자율성, 미래 설계, 사회 기여라는 흐름으로 해석되어야 한다. 개인의 직업 선택은 곧 삶의 방향을 선택하는 매우 중요한 과정이다. 특히 직업정보는 선택의 방향성을 올바르게 이끄는 나침반의 역할을 한다. 그렇기에 필요한 직업정보를 올바르게 활용하는 역량은 곧 자기결정성과 진로탄력성의 핵심이기도 하다.

따라서 직업상담사는 청년, 중장년, 시니어, 여성, 그리고 사회취약계층 등 각 대상층의 특성에 맞는 직업정보를 제공하여, 이들이 올바른 삶의 방향을 설정할 수 있도록 지원해야 한다.

·· 2 ··
청년들을 위한 직업정보

제프리 젠슨 아넷(Jeffrey Jensen Arnett)은 자아정체성 탐색, 불안정성, 자기중심성, 어중간함, 가능성을 가진 청년의 특성에 주목하며 역사적으로 유례가 없는 이 시기를 '성인 모색기(Emerging Adulthood)'라 부를 것을 제안했다. 오늘날 청년들은 과거 어느 때보다 치열한 경쟁 환경 속에서 진로를 준비하고 있으나 급변하는 직업 세계에서 졸업장은 더 이상 안정적인 미래를 보장하지 않는다.

또한 많은 청년이 진로에 대한 고민을 하면서도 여전히 '어떤 직업을 택할 것인가?', '어떤 직무에서 일할 수 있는가?'에 대해 추상적인 이미지를 가지고 있으며, 직업 선택의 기준도 사회적 평가나 위세에 의존하는 경향이 강하다

그리고 현장에서 만난 청년들은 '직업'과 '직무'를 혼용하며 자신이 희망하는 직무의 실제 수행 내용을 충분히 이해하지 못한 채 구직 활동을 하는 경우가 많았다. '청년도전지원사업'에서 만난 한 청년의 경우 인사 담당이라는 직무에 대해 관심은 있으나 구체적인 직무 내용

에 대해서는 알지 못한다고 답하였다. '인사 담당자'라는 직무는 채용, 평가, 보상, 교육 등 여러 세부 영역으로 구성되어 있으며 기업과 산업에 따라 각 영역의 중요도와 요구 역량은 다르게 나타난다. 따라서 직업상담사는 청년기 내담자의 경우 자신이 진출하고자 하는 산업이나 기업군의 직무정보를 충분히 탐색하도록 돕고 그 직무에서 요구하는 역량을 비롯하여 학내외 활동, 자격, 교육 등을 계획적으로 준비할 수 있도록 지도해야 한다. 청년들이 열심히 준비하여 성공적인 취업을 했다 하더라도 입사 후 직무 불일치나 조직문화 부적응으로 인해 조기 퇴사나 경력 단절을 겪는 경우가 적지 않다. 이는 개인의 자아실현은 물론, 사회 전체의 인적자원 효율성에도 부정적인 영향을 미친다. 실제로 한국의 신입사원 중 1년 내 자발적 퇴사율이 27.7%에 이르며, 가장 큰 원인은 '직무 부적응'과 '조직문화 불일치'로 나타났다. 또한 이들 중 일 경험의 부족으로 직접적인 취업으로 연결되지 못하여 번번이 '뜨거운 합격(치열한 경쟁 끝에 '불'합격)'을 마주한 청년들의 안타까운 사연을 접하였다.

따라서 직업상담사는 청년을 위한 직업정보로 단순히 어떤 직업이 있는가를 알고 소개하는 수준을 넘어 이들에게 맞는 직무를 식별하고, 그 직무에 접근하기 위한 실질적인 준비 과정을 계획할 수 있게 하는 전략적 도구로서의 역할을 수행해야 한다. 이러한 전략적 접근을 통해 직업 상담은 단순한 '스펙 쌓기' 중심에서 벗어나 청년들이 스스로 진로를 설계하고 실행할 수 있도록 돕는 진로 개발의 출발점이 되어야 한다. 이를 위해 청년들이 적극적으로 활용할 수 있는 직무 중심의 직업정보 사이트를 분석하고, 정보 활용의 방향성과 구체적인 방법을 표로 정리하였다.

　표에 제시된 사이트들을 바탕으로 직업상담사는 청년 내담자의 통합적 진로 설계를 도울 수 있을 것으로 기대한다. 예를 들어, 고용24에서 직무 전반을 이해한 뒤, NCS 및 잡이룸에서 세부 역량을 분석하고, DART·네이버 증권으로 산업의 구체성을 더한다. 그리고 캐치·잡알리오·피플앤잡에서 실제 채용 공고를 조사한 뒤, 코멘토·링커리어·위비티·독취사 등에서 현실적 준비와 네트워크를 구축하는 방식으로 사용한다면, 단순 정보 수집을 넘어서 자신만의 진로 전략을 설계하고 실행히는 '청년 키리어 설계지'기 될 수 있을 것이다.

직업정보의 구성

사이트	내용
잡플래닛	• 실제 현장정보 제공 및 취업 준비 도구 - 기업 리뷰 및 직무 리뷰, 연봉정보 등 다양한 데이터를 통한 실제 업무 환경 파악 - 재직자·퇴사자 후기로 조직 분위기와 문화, 요구 역량, 업무 강도 등의 정보 제공 - 직무백서, 직무 인터뷰 등 직무 중심 콘텐츠 - 이력서·자기소개서 샘플, 면접 기출 자료 등 실전 준비 자료
피플앤잡	• 글로벌 취업 특화 지원을 위한 영어 이력서, 글로벌 면접 대비 자료 제공 • 국가별, 직무별, 산업별 연봉 데이터와 글로벌 트렌드를 비교 분석
월드잡플러스	• 한국산업인력관리공단에서 운영. 해외 취업 특화 시이트로 도전적인 해외 진출을 지원
DART	• 산업·기업 분석을 위한 공시 문서 제공으로 보고서와 새부재표를 통해 기업의 사업 구조, 사업 추진, 재무 안정성 등을 직접 확인 가능
네이버페이 증권	• 기업·산업 분서에 특화된 민간 포털 사이트 • 증권사 리포트와 산업 분석 자료 제공. 직무와 산업 이해에 도움

	• 산업군의 매출 추이, 성장 가능성, 경쟁력 등 실질적 데이터를 통해 기업의 성장성을 파악 및 직무 확장성·전환 기회 판단
캐치	• 직무별로 요구되는 역량과 실제 합격자의 스펙 비교·분석 • 공기업, 대기업, 스타트업 등 채용 형태가 다른 조직들의 요구사항 파악 가능 • 자소서·면접 후기 등 실전 자료 제공 • 목표 직무에서 요구하는 경험과 역량을 역으로 추론, 준비 전략 제시
중소기업현황 정보시스템	• 중소기업 및 지역 산업 통계 제공 - 업종·지역별 고용 규모, 매출, 기업 성장 지표 등 통계 제공 • 청년들에게 현실적인 대안과 산업별 통찰을 제공
잡이룸	• 직무 전문 분석 사이트로 직무별 요구 역량, 직무 흐름도, 인터뷰, 역할 비교, 업무 프로세스 등 체계적 정보 제공 • 자기소개서 작성, 면접 준비에 활용할 수 있는 자료 제공
코멘토	• 현직자 멘토링 플랫폼으로 실무자와 취업 준비생을 연결하여 1:1 피드백, 실시간 질문, 포트폴리오 리뷰 등 실질적 준비 지원 • 실무 경험 기반의 조언, 경력 방향성과 강·약점 보완 가능
링커리어	• 커리어 관리 통합 플랫폼으로 채용, 인턴, 대외 활동 등의 기회 정보와 이력서, 경력 관리 도구 제공 • 경력기술서 완성도 향상을 위해 활동 결과를 기록. 초기 커리어 단계에서 경력기술서 작성에 도움
위비티	• 대외 활동 중심 플랫폼으로 공모전, 서포터즈, 인턴십 등 실무 경험이 적은 청년을 위한 다양한 활동 기회 제공. 직무 체험 및 포트폴리오를 준비하는 데 유용
독취사	• 공기업·국내 최대 규모 네이버 카페 • 자소서 첨삭, 면접 후기, 채용 일정 등 실전 정보와 경험 공유. 기업 준비에 특화
잡알리오	• 공공기관 채용정보 공식 국가 플랫폼으로 공공기관 채용 공고, 전형 절차, 직무기술서, 연봉·경영 공시 등 공식정보 제공
온통청년	• 청년 정책, 소식, 지원 내용 확인과 청년 일자리 매칭 전담 창구 운영
청년성장 프로젝트	• 지역·청년 맞춤형 청년카페 운영 및 직장 적응 프로그램 지원 • 심리상담, 맞춤형 고용 서비스 등 취업 후 직장 적응까지 돕는 토탈 케어 서비스

·· 3 ··
중장년을 위한 직업정보

강의 현장에서 가장 많이 만나고 있는 대상은 중장년층이다. 내가 만난 많은 중장년들은 주된 일자리에서 퇴직을 앞두고 있거나, 이미 퇴직을 하고 새로운 일을 설계하거나, 새로운 일자리를 찾기 위해 고군분투하고 있었다. 이런 중장년층에게 진로 및 직업정보는 단순히 '어떤 일이 있는가?'에 대하여 아는 것을 넘어, 자신이 가진 경험과 역량을 어떤 방식으로 재구성하고 새로운 가능성으로 연결지을 수 있는가에 초점을 두어야 한다. 특히 지금의 청년세대가 겪는 진로의 불확실성과 정보 부족은 중장년층에게도 유사한 양상으로 나타나며, 이를 단순히 세대 문제로만 볼 수는 없다.

중장년층의 직업 전환은 청년기의 진로 탐색과는 근본적으로 다르다. 청년이 사회 진입을 앞두고 진로와 직업을 탐색한다면, 중장년은 이미 직업 세계를 경험한 이후 새로운 국면에 들어선 존재이다. 이들은 정년퇴직, 폐업, 구조 조정, 건강 문제 등 다양한 이유로 진로 전환을 맞이한다. 이 시기의 직업 상담은 단순한 재취업 지원을 넘어, 생애

의 새로운 국면을 설계하는 '진로 재설계(Career Redesign)'의 관점에서 접근할 필요가 있다.

중장년층은 이미 일정한 직업 경력을 가진 경우가 많지만, 빠르게 변화하는 기술과 산업 구조 속에서 과거의 경험이 현재 시장에서 그대로 인정받지 못하는 상황에 직면한다. 예컨대 20년간 제조업에 종사했던 한 남성 내담자는 기업 구조 조정으로 퇴직 후 "내가 할 수 있는 일이 무엇인지조차 모르겠다"는 막막함을 토로하였다. 그는 단순히 새로운 직업을 소개받기보다, 자신이 수행해 온 업무의 세부 직무가 어떤 가치와 역량으로 해석될 수 있는지를 이해하고자 했다. 이는 단순한 직업정보의 제공을 넘어, 과거 경험을 재정의하고 재배치할 수 있는 '직무 중심의 직업정보'가 중장년에게도 필요하다는 것을 보여준다.

중장년층의 진로를 이해하기 위해 가장 적합한 이론 중 하나는 수퍼(Super)의 생애 무지개 이론이다. 수퍼는 인간의 진로를 일생을 통해 이루어지는 발달 과정으로 보고, 생애 주기(Life-span)와 생애 역할(Life-space)을 함께 고려하였다. 특히 중장년기는 '확립기'를 지나 '유지기' 혹은 '쇠퇴기'에 접어드는 시기로, 이 시기의 사람들은 자신의 일에 대한 의미를 재확인하고, 향후 직업 경로의 방향성을 설정하며, 새로운 역할(예: 멘토, 사회 기여자 등)을 수용하게 된다. 이때 직업 상담은 개인의 가치, 흥미, 능력뿐 아니라 '역할 간 균형'을 맞추기 위한 조정 전략을 제시해야 한다.

중장년 내담자의 경우, 직무에 대한 명확한 이해 없이 구직 활동을 시작하거나, 10여 년 전 기억에 의존해 과거의 인기 직종을 막연히 목표로 삼는 경우가 흔하다. 이때 직업상담사가 최신의 기술정보를 제공할 경우, 내담자는 현실에서 실질적으로 요구되는 역량의 변화를 확인하고 자신이 마주한 현실적 상황에 대한 어려움을 토로하는 경우가 많았다. 따라서 직업상담사는 중장년층에게 고용 환경의 변화에 따라 진입 가능한 직무와 해당 직무가 요구하는 역량, 그리고 개인의 경험이 그것과 어떻게 연결될 수 있는지를 구체적으로 안내할 수 있어야 한다. 이를 위해서는 단순한 '직업 소개'가 아니라, '직무 분석'을 기반으로 한 상담과 정보 제공이 이루어져야 한다.

중장년이 직업정보를 활용할 때 가장 큰 어려움은 정보의 과잉 속에서 '나에게 맞는 정보'를 분별해 내기 어렵다는 점이다. 따라서 직업상담사는 그들의 경험을 구체적인 직무 언어로 풀어내고, 그것이 현재 어떤 산업과 직무로 연결 가능한지를 안내하는 '직무 해석가'이자 '진로 재설계자'의 역할을 수행해야 한다. 이 과정에서는 단지 일 경험이 부족한 청년 대상 상담과 동일한 접근이 아닌, '경험 기반의 재경력화 전략'이 필요하다.

'50플러스센터'에서 발간하는 중장년 정책 인사이트 내용을 살펴보면, 중장년의 경우 기업은 사무·관리직 등 경력 활용 직무 수요가 있으나, 디지털 역량 부족을 우려하는 경향이 두드러지게 나타나고 있는 것으로 확인되었다. 이는 정년 연장이나 단순한 일자리 연계를 넘어 맞춤형 직무 훈련의 시급함을 강조하는 것으로, 직업상담사는 상담 현장에서 이들이 갖추어야 할 기초 직무 능력을 진단하고 실질적 도움이 되는 정보를 함께 제공하여야 한다. 중장년들이 유용하게 활용할 수 있는 직업정보와 직무에 대한 교육정보를 확인할 수 있는 사이트를 소개한다.

중장년을 위한 직업정보 및 교육정보

사이트	내용
고용24	• 고용노동부에서 운영하는 통합 고용 서비스 포털 • 중장년층을 위한 채용정보, 구직 등록, 취업 지원 프로그램 신청 등 종합적인 서비스를 제공
중장년내일센터	• 전직 지원 서비스는 전직을 원하는 모든 40세 이상 퇴직(예정) 근로자에게 전문 취업 지원 서비스를 제공 • 중장년 경력지원제를 시행
서울시 50플러스포털	• 40~60대를 대상으로 경력 설계, 직업 훈련, 보람일자리, 인턴십 등 맞춤형 일자리 정보와 지원 사업을 안내 • 서부, 중부, 동부, 남부, 북부 캠퍼스에 따라 다양한 훈련 과정 운영 중
서울시 일자리포털	• 중장년층을 위한 별도 카테고리를 통해 맞춤 채용정보를 제공하며 기술교육원 등과 연계한 서비스 안내
한국고용정보원	• 생애 주기별 맞춤형 고용 서비스를 제공 • 고령기의 활동적인 삶을 위한 고용 지원 및 관련 연구 자료를 제공
대한상공회의소 인력개발사업단	• 실업자를 대상으로 직업 능력 개발 훈련 사업을 운영 • 특히 50~60대를 위한 맞춤 기술 교육을 통해 재취업을 지원
서울런4050	• 4050세대를 위해 직무 역량 강화, 자격증 취득, 디지털 전환 교육 등 다양한 온라인 강의를 무료로 제공
한국폴리텍대학 신중년 특화과정	• 40세 이상 미취업자를 대상으로 하는 기술 교육 과정 • 전기, 용접, 스마트 팩토리 등 실무 중심의 훈련을 전액 국비로 지원하며 취업까지 연계
올워크	• 중소기업 취업, 중장년(40세) 이상 채용 플랫폼
서울시민대학	• 40~50대를 위한 인문, 교양, 직업 역량 기반 정규 과정 및 특화 과정 운영

서울시립대학교 평생교육원	• 세무, 회계, 데이터 분석 등 중장년의 직무 능력 향상(Skill Up)을 위한 전문 교육 과정을 운영
중장년 재취업 아카데미	• 중장년 구직자를 대상으로 실무 기술 습득 및 전문성 함양을 위한 직업 훈련 교육 프로그램 운영
경기도일자리재단	• 경기도 일자리 정책을 총괄하는 기관 • 중장년층을 위한 맞춤형 사업으로 베이비부머 세대를 위한 '라이트잡 센터' 등을 통해 경력 상담과 일자리 연계 서비스를 제공
경기도일자리포털 잡아바	• 일자리 정보 사이트로, 채용 공고, 공공 일자리, 기업정보 등 다양한 구인정보를 제공
중장년 창업창직 사관학교	• 우수한 창업 아이템 및 기술을 보유한 중장년(예비) 창업 기업의 성장을 위한 전문 컨설팅 및 교육, 사업화 연계, 사무공간 등의 지원
자영업지원센터	• 창업 준비부터 운영까지 단계별 맞춤형 컨설팅 제공 • 창업자금, 멘토링, 하루 관리 지원
워크위즈	• 중장년의 재취업과 경력 전환을 위한 온·오프라인 교육

시니어를 위한 직업정보

우리는 일반적으로 시니어라고 하면 만 60세 이후의 은퇴자를 떠올린다. 그러나 실제 현장에서는 55세 이상부터 직업 전환과 준비를 시작하는 모든 이들을 포함한다. 최근 고령화 속도와 평균 기대수명의 증가, 정년 연장과 노후 소득에 대한 불안 등으로 '은퇴 후 다시 일하기'에 대한 수요는 지속적으로 늘어나고 있다. 그러나 시니어들이 활용할 수 있는 직업정보는 매우 제한적이며, 정보의 구조화나 대상자 맞춤형 접근 또한 미흡한 실정이다. 직업상담사는 이러한 현실적인 상황을 고려하여 시니어를 위한 직업정보를 단순한 재취업 안내가 아니라, 생애 후반 삶의 의미를 되새기는 통합적 관점에서 제공해야 한다.

아울러 급속한 고령화와 기대수명의 연장은 '시니어'를 더 이상 일과 단절된 퇴직자 집단으로만 간주하지 않게 만들었다. 최근에는 경제적 자립, 건강한 신체와 정신을 바탕으로 능동적으로 소비하고 사회 활동에 참여하는 50~70대를 중심으로 '액티브 시니어(Active

Senior)'라는 개념이 주목받고 있다. 이러한 시니어들은 단순한 고령 근로자가 아니라, 새로운 경제 주체이자 사회적 노동력으로 재조명되고 있다.

시니어의 진로 전환을 이해하기 위해 이론적으로 주목할 수 있는 것은 에릭슨(Erikson)의 심리사회적 발달 이론 중 '통합 vs 절망'의 단계이다. 에릭슨은 이 시기를 인생을 되돌아보며 삶의 의미와 가치를 성찰하는 시기로 보았다. 직업이라는 활동은 단순한 생계 수단을 넘어 자신의 정체성과 존재 이유를 드러내는 방식이기도 하기에, 시니어의 직업 탐색은 단순한 경제적 필요를 넘어 삶의 질과 밀접한 관련이 있다. 특히 이 시기에는 '사회적 기여', '세대 간 연결', '삶의 통합적 회고' 등이 직업 선택에 영향을 미친다. 따라서 직업상담사는 시니어 내담자와 상담 시 직업 선택의 기준이 물질적 가치를 넘어 '보람', '소속감', '자율성' 등 비물질적 가치를 중심으로 재구성될 수 있음을 인식해야 한다.

현장에서 만난 한 시니어 여성(58세)의 경우 군무원으로 근무 중이며 정년퇴직을 앞두고 있었다. 그녀는 퇴직 후에도 사회와 연결되고 싶다는 마음으로 근무 중 취득했던 정보처리기사, 컴퓨터 활용 능력 자격과 더불어 사회복지사 자격증을 준비하기 위해 학점은행제 수업을 받고 있었다. 그녀의 남편 또한 공공기관에서 공무원으로 퇴직 후 기존의 경험과 행정 능력을 살려 지역의 요양원에서 사회복지사로 근무 중이었다. 남편을 멘토로 자신도 계속 일하고 싶다는 목표를 구체적으로 실천하는 모습이 매우 이상적이었다.

이렇듯 은퇴 이후의 삶을 안정적으로 준비하는 사례도 있었지만 이와는 다른 사례를 만난 경우도 있었다. 그는 컴퓨터공학을 전공하고 오랜 기간 프로젝트 매니저로 근무하였으나 은퇴 이후 급변하는 IT 환경 속에서 자신의 기술적 공백을 체감하며 어디서부터 어떻게 준비해야 할지를 몰라 막막하다고 호소하였다. 그래서 강의 후 과거 직무를 중심으로 경력사항을 점검하고, 부족한 IT 기반의 역량을 보완할 수 있는 교육기관을 소개하고 수강을 안내하였다. 이 과정에서 그는 디지털 강사로 활동하겠다는 새로운 목표를 설정한 후 막막함에서 벗어날 수 있었다. 이처럼 시니어에게는 기존의 경험을 새로운 가치로 해석할 수 있는 '직무 재구성'의 도구로서 직업정보가 필요하다.

시니어가 진입할 수 있는 주요 산업은 다음과 같은 특징을 가진다.

첫째, 사회복지 및 돌봄 서비스 분야로 타인과의 상호 작용 경험이 풍부한 시니어에게 적합하다. 관련 자격증(요양보호사, 사회복지사 등)을 통해 비교적 단기간에 진입할 수 있는 장점이 있다.

둘째, 교육 및 상담 분야로 퇴직 전 축적된 전문 지식과 경력을 활용하여 강사, 멘토, 컨설턴트 등의 역할로 이어질 수 있다.

셋째, 생활 서비스 분야이다. 중장년 및 시니어의 고용 확대를 위해 지자체와 민간기업이 협력하여 마련한 일자리가 많으며, 경비, 안내, 운전 등의 직무가 대표적이다.

넷째, 디지털 리터러시를 보완한 단순 IT 직무 분야가 일부 있으며 지방자치단체에서는 시니어 디지털 서포터즈 활동에 접목되고 있다.

또한 직무별 역량 분석은 NCS 기반의 정보를 통해 체계적으로 접근할 수 있다. 이에 대한 구체적인 직무기술서와 필요 역량은 NCS 홈페이지(ncs.go.kr)에서 확인할 수 있다. 시니어가 자신의 경력이나 경험을 해당 능력단위에 어떻게 연결할 수 있는지 함께 정리하며 구체적인 훈련 계획과 취업 방향을 설정해 보아야 한다. 이는 시니어를 위한 직업정보 제공이 단순히 일자리를 소개에 그치는 것이 아니라, 삶의 후반부에서 새롭게 자신을 정립하고 사회와 다시 연결될 수 있도록 돕는 '직무 중심 생애 설계'의 도구가 되어야 함을 의미한다. 직업상담사는 시니어 내담자의 삶과 경험을 존중하고, 그것이 새로운 직무로 어떻게 전환 가능한지를 탐색하는 파트너로서의 역할을 수행해야 한다. 직업상담사는 단순히 취업률 제고를 위한 기술적 지원에 머무르지 않고, 인생 후반부를 능동적으로 설계할 수 있는 애티브 시니어의 지지자가 되었으면 한다.

시니어를 위한 직업정보 및 교육정보

사이트	내용
한국노인인력개발원	• 준정부기관, 노인 일자리 전담기관, 사업 개발, 구인구직, 취업, 복지, 자원봉사 등 정보 제공
노인일자리여기	• 한국노인인력개발원에서 운영하는 대표적인 시니어 일자리 포털 • 공공형, 사회서비스형 등 다양한 유형의 전국 노인 일자리 정보를 검색하고 신청
서울시니어일자리 지원센터	• 시니어 연령층을 위한 맞춤형 취업 지원 프로그램을 안내하고 관련 정보를 제공
서울시50플러스포털	• 40~60대를 포괄하는 사이트시만, 시니어에게도 유용한 직업 훈련, 경력 설계, 일자리 정보를 풍부하게 제공
서울노인복지센터	• 사신의 경력과 재능을 살릴 수 있는 분야의 일자리 정보와 취업에 필요한 교육에 대합 1·1 맞춤형 상담 제공
(사)대한노인회 서울시연합회	• 시니어의 취업과 사회 활동 지원을 위한 다채로운 훈련과 일자리 개발

서울시니어클럽	• 시니어의 경제 활동 및 사회 참여 활성화와 교육 및 훈련, 정책 개발 사업 수행
학교보안관 운영	• 서울시 관내 초등학교 및 특수학교에 학교보안관을 배치하여 학생 안전사고 및 학교폭력 예방(지방의 경우 별도 운영)
중장년 경력 인재 지원	• 64세까지 고용 가능성이 있는 민간 공공 영역의 일자리에 적합한 중장년 매칭
사회공헌 활동 지원	• 70세 미만 퇴직 전문인력의 지식과 경력을 활용하여 사회적기업, 비영리재단 등에서 사회공헌 활동을 참여할 수 있는 기회 제공 및 지원
아름다운 이야기 할머니	• 여성 어르신을 유아 교육기관에 파견하여 옛날이야기 구연 프로그램을 제공
찾아가는 시니어 디지털 스쿨	• 카카오가 운영하는 사회공헌 프로그램
EBS 평생학교	• 시니어들을 위해 신체 및 마음건강에 대한 다양한 교육 콘텐츠를 제공
경기도 평생학습포털 GSEEK	• 경기도민이 아니어도 다양한 분야의 영상 강의를 무료로 수강 가능

·· 5 ··
여성(경력단절여성)
경제 활동을 위한 직업정보

1990년대 이후 우리 사회는 여성의 고학력화가 빠르게 진행되었으나, 고용 시장에서 여성의 경제 활동은 그에 상응하지 못하고 있다. OECD 국가 중 대한민국 여성의 대학 진학률은 상위권임에도 불구하고, 경제 활동 참가율과 고용률은 하위권에 정체된 불균형적인 구조를 보인다. 이는 개인의 삶과 사회적 자원의 활용 측면에서 비효율적일 뿐만 아니라, 국가적으로도 고학력 여성 인재의 이탈이라는 중대한 노동 시장의 손실로 이어진다. 이러한 문제를 해결하기 위해 정부는 2023년 「제4차 여성 경제 활동 촉진 기본계획(2023년~2027년)」을 수립하고, 경력단절여성의 재도약을 위한 정책적 지원을 강화하고 있다. 이 계획은 다음과 같은 네 가지 핵심 전략으로 구성되었다

이 계획은 특히 디지털 전환기에 여성의 역량 개발을 중심으로, 고용·보육·복지의 연계 강화를 목표로 하고 있다. 이러한 접근은 경력단절여성의 문제를 단순한 구직 지원의 차원이 아닌, 생애 전환기 진로 재설계의 과정으로 바라보는 관점의 전환이라 할 수 있다.

제4차 여성 경제 활동 촉진 기본계획(2023~2027)

(1) **경력 단절 예방 및 재취업 지원 강화**	기존의 경력단절여성 중심 지원에서 나아가, 재직여성의 경력이 단절되지 않도록 사전에 예방하는 데 중점을 두고 이를 위해 육아기 근로 시간 단축 제도와 유연근무제 활용을 촉진하고, 경력 단절 예방을 위한 상담 및 컨설팅 서비스를 확대한다.
(2) **미래 유망직종 중심의 맞춤형 직업 훈련 고도화**	디지털 전환과 같은 산업 구조 변화에 대응하기 위해, 인공지능(AI), 소프트웨어 등 신기술 분야의 여성 전문 인력을 양성하는 데 집중. 특히 폴리텍대학의 '하이테크 과정'에 여성 전용반을 신설하고, 고부가가치 직업 훈련 과정을 확대하여 여성들이 미래 유망 산업으로 진출할 수 있도록 지원한다.
(3) **돌봄 부담 완화 및 일·생활 균형 환경 조성**	여성의 경력 단절의 주된 원인인 돌봄 부담을 줄이기 위해 아이 돌봄 서비스의 정부 지원을 확대하고, '대체인력뱅크'를 활성화하여 육아 휴직으로 인한 기업의 부담을 덜어낸다. 이를 통해 여성이 출산과 육아 후에도 안정적으로 직장에 복귀할 수 있는 환경을 만드는 것을 목표로 한다.
(4) **여성 친화적 고용 서비스 및 창업 지원 확대**	전국의 '여성새로일하기센터'의 기능을 강화하여 단순 일자리 알선을 넘어 경력 설계, 심리 상담, 취업 후 사후 관리까지 종합적인 서비스를 제공한다. 또한, 여성 창업가 발굴과 스케일업(Scale-up)을 위한 지원을 강화하여 여성의 경제 활동 영역을 다각화한다.

실제 교육 현장에서 만난 여성 A씨(57세)는 10년간 반려동물을 위한 미용 업무에 종사하다가 개인적인 사정으로 퇴직하였다. A씨는 반려동물에 대한 애정만 있다면 언제든 다시 일을 시작할 수 있을 것이라 기대했으나, 재취업 과정에서 제도 변화와 연령의 장벽 앞에서 막막함을 느꼈다고 했다. 이는 단순히 직무정보가 부족한 것보다 자신의 경험이 변화된 제도나 고용 환경과 맞지 않는 데서 비롯된 것이다. 결과적으로 경력 재구성의 실패와 심리적 제약으로 이어진 사례라 할 수 있다. 그러나 A씨는 과거 학습지 영어교사 경험, 여행사 발권 경험

등을 바탕으로, 남편과 함께 유튜브 채널을 개설하였다. 영어 자막이 포함된 반려동물 콘텐츠는 해외 구독자의 관심을 끌며 인지도를 높였고 현재는 반려동물 탈취제 사업으로까지 확장하였다. 이 과정에서 직업상담사의 정보 제공과 정책 안내는 결정적인 역할을 하였고, 그로 인해 A씨는 자신의 경험과 역량을 토대로 새로운 기회 확장을 할 수 있었다.

또 다른 사례인 B씨는 교육행정 분야에서 15년간 종사 후 출산과 육아로 퇴직하였고 재취업에 강한 의지를 갖고 있었지만, 방향 설정에 어려움을 겪고 있었다. 그녀는 "예전에는 행정직으로 일했지만, 지금은 무엇을 준비해야 할지 잘 모르겠어요"라고 호소했다. 이는 실제로 경력이 단절된 것이 아니라, 자신의 경험을 직무 언어로 재해석하지 못한 데서 오는 혼란이다. 실제로 B씨가 수행한 업무는 예산 편성과 집행, 일정 관리, 문서 작성 등으로 공공기관의 위탁 행정직, 기업의 HR보조, 평생교육기관 운영직 등으로 연계가 가능한 역량이다. 직업상담사는 내담자의 경험을 NCS(국가직무능력표준)의 능력단위와 연결시켜 면밀히 해석하고, 유사한 직무를 수행하는 산업군의 채용정보를 통해 실질적인 취업 전략을 함께 설계해야 한다.

직무를 새롭게 해석하고 맥락화하는 과정은 경력단절여성의 자기효능감 회복에 직접적인 영향을 미친다. 예를 들어, A씨에게는 여성친화기업 관련 정보를 비롯하여 사업 계획 수립과 정부 지원 정책에 대한 구체적인 안내가 큰 도움이 되었으며, B씨에게는 자신의 경험을 직무 기반 정보로 재구성하는 과정이 경력 재설계의 중요한 출발점이 되었다. 특히 B씨에게는 자기소개서 작성 시 조직력, 위기 관리 능력,

정서적 공감 능력 등 실제 사례 기반의 역량 서술을 통해 경쟁력을 높일 수 있도록 도왔다. 최근에는 여성을 위한 디지털 역량 강화 프로그램이 확산되고 있다. 컴퓨터 활용 능력, 콘텐츠 제작 및 운영, SNS 홍보, 고객 응대 등 실무 중심의 교육 콘텐츠가 다양하게 제공되고 있으며, 이는 여성들이 디지털 환경에 보다 유연하게 적응하고 재진입하는 데 큰 도움이 될 것으로 본다.

무엇보다 중요한 것은 '경력 단절'이 여성에게 부정적 낙인으로 각인되지 않도록 하는 일이다. 직업상담사는 내담자가 경력 단절의 시간을 실패나 약점이 아니라 전환과 재정비의 기회로 바라볼 수 있도록 돕는 역할을 해야 한다. 이를 위해 직업 상담은 단순한 기법 적용을 넘어, 여성의 삶을 총체적으로 이해하고 존중하는 태도와 전문성을 바탕으로 이루어져야 한다. 여성의 경제 활동은 개인 차원을 넘어 사회 전반의 지속 가능성과 밀접하게 연결된 중요한 과제이다. 학력과 일에 대한 의지는 충분하지만, 직무 재구성 역량이나 정보 탐색 능력이 부족하여 노동 시장 재진입에 어려움을 겪는 이들에게 세심하고 전략적인 직업정보 제공과 함께 다층적인 상담이 필요하다.

여성(경력단절여성) 경제 활동을 위한 직업정보 및 교육정보

사이트	내용
여성발전센터	• 여성의 경제력 향상과 능력 개발에 필요한 직업전문교육, 생활 문화교육 운영을 통해 취창업을 지원
여성새일센터	• 경력단절여성 및 구직여성 등을 대상으로 직업 상담, 구인/구직 관리, 직업교육 인턴십, 취창업 지원, 취업 후 사후 관리, 경력 단절 예방 등을 종합적으로 지원

여성인력개발센터	• 경력단절여성 등에 대한 직업 교육 및 취창업 지원
산모산생아 도우미	• 출산가정을 방문하여 산모의 산후 회복과 신생아 돌봄 담당
아이돌봄서비스	• 아이 돌봄 인력 양성 교육 이수 후 자치구별 가족센터 등에서 아이 돌봄 서비스 제공기관에서 아이 돌보미로 활동
우먼업 구직지원금	• 3040 경력단절여성 등을 대상으로 월 30만 원의 구직 활동 지원금 제공
새일센터 집단상담프로그램	• 경력단절여성 및 결혼이민여성 구직자의 근로 의욕 고취와 구직 능력 향상을 도모하고 직업 훈련 및 취업 알선 등 서비스 제공
여성창업프라자/ 여성창업보육센터	• 예비, 초기 창업여성을 대상으로 공간 제공, 판로 지원, 네트워크, 맞춤형 컨설팅, 홍보·마케팅 지원을 통한 창업 성장 지원
한국여성과학기술인 육성재단	• 이공계 진공 여성들을 위한 교육, 일자리 지원 등 다양한 성장 지원 프로그램 제공
경기도일자리재단 꿈날개	• 여성과 청년을 포함한 다양한 계층의 직업 역량 개발·취업·창업·경력 설계 등을 지원(경기도와 여성가족부가 운영하는 온라인 경력 개발 플랫폼)

사회취약계층을 위한
직업정보

　모든 구직자에게 직업정보는 중요한 자원이지만, 노동 시장 접근성이 취약한 계층에게는 생존과 직결되는 핵심 요소라 할 수 있다. 사회취약계층 가운데 이주민(북한이탈주민 포함), 장애인의 경우, 노동 시장 진입 과정에서 단순한 정보 접근의 어려움을 넘어, 제도적·심리적 장벽을 동반하는 경우가 많다. 따라서 직업상담사는 단순한 구직 지원의 역할을 넘어, 이들이 가진 사회적 배경과 개인 특성을 고려하여 '정보 접근과 활용'의 장벽을 제거하고, 실질적 취업과 경력 형성을 지원하는 전략적 접근이 필요하다.

　먼저 북한이탈주민의 경우, 남한 사회에서 문화 차이로 인한 적응의 어려움, 그리고 언어와 사회적 편견 등 복합적 요인이 진로 결정과 직업 유지에 영향을 미친다. 이들을 위한 직업 상담에서는 진로 발달 이론 중 수퍼(Super)의 '생애 무지개 이론'과 함께 '전이 이론(Transition Theory)'이 활용될 수 있다. 전이 이론은 개인이 새로운 환경에 적응하는 과정을 중심으로 하며, 삶의 전환기에서 겪는 정서·

인지적 과정을 이해하는 데 효과적이다. 따라서 이주민들이 겪는 적응 스트레스와 자기정체성의 재구성 과정은 단순한 직업 선택을 넘어, 심리사회적 재적응의 단계로 해석될 수 있다.

'남북○○○○○모임'에서 만나 현재 서울에 거주하는 북한이탈주민 C씨(47세)는 북한에서 간호사로 일했으나, 입국 후 자격 미인정으로 지방 병원에서 간호 보조 인력으로 근무했다. 그러나 남한 병원의 근무 환경과 동료 간호사들과의 관계에서 발생하는 어려움과 부적응으로 잦은 이직을 경험했다. 상담 과정에서 C씨는 자신의 역량을 부정적으로 인식하고 있었다. 직업상담사는 그녀의 간호 분야의 전문성에 주목하여 대학 진학을 권유했고 C씨는 북한이탈주민 대상 입학전형을 통해 간호대에 합격하였다. 졸업 후 간호사 자격을 취득한 C씨는 지방 병원에서 꾸준히 경력을 쌓았고 현재는 서울의 노인 전문병원에서 간호사로 근무 중이다. 이 사례는 내담자 개인의 과거 경험을 현재의 맥락에 맞게 재해석하고 구체적인 역량으로 전환할 수 있도록 도운 직업상담사의 전문성이 중요했음을 보여준다.

또 다른 취약계층인 장애인들은 신체적·정신적 제약뿐만 아니라 사회적 고정관념, 일자리 부족, 직무 조정의 한계 등 구조적 문제를 동시에 겪고 있다. ○○사회복지관 직무 훈련에 참여한 20세 경증 장애인의 경우, 외관상 장애가 드러나지 않아 제도적 지원을 받지 못하고 있었다. 또한 중증 장애인의 경우에는 필요한 보조기구가 없고 작업 환경의 조정이 어렵다는 이유로 직무 훈련에서 배제되는 사례가 빈번히 발생하였다. 자신의 능력과 무관하게 인정받지 못한 차별적 경험과 실패의 반복은 자신감과 자존감이 낮아지는 결과를 가져왔다. 이

문제를 돕기 위해 직업상담사는 '개별화된 진로 상담'과 '직무 재구성' 전략이 필요하다.

심리·사회적 모델 중에서 '희망 중심 상담(Hope-Centered Model of Career Development, HCMCD)'은 장애인 상담에 적합한 접근법으로 평가받고 있다. 이 모델은 내담자의 동기 강화와 긍정심리학의 원리를 적용하여 자기효능감 제고에 중점을 두어 상담 효과를 높일 수 있다. 청각장애를 가진 D씨(27세)는 대학 졸업 후 정보통신 분야 기술을 익혀 일용직 IT기기 설치기사로 일하며 정규직 전환을 희망하였다. 직업상담사는 그의 기술 능력과 빠른 손기술, 성실성에 주목하여 NCS 기준의 '정보기기 유지보수', '통신장비 설치' 등의 직무 역량을 기반으로 한 직무 분석을 제공하였고, 직무 맞춤형 훈련 연계하여 공공기관 정보장비 유지보수 용역업체 입사를 지원했다.

이 과정에서 직업상담사는 취약계층의 강점에 초점을 맞추고 자존감 회복을 위해 '내가 잘할 수 있는 게 없다'라는 인식에서 벗어나도록 돕는 피드백과 재구성 전략뿐만 아니라 내담자의 경험을 구체적인 언어로 명확히 정리하였고, NCS 능력단위에 기반한 직무 전환 전략을 제시하였다.

이러한 직무 기반 직업정보의 탐색을 위해 활용할 수 있는 사이트로는 '정부24', 'NCS 홈페이지', '장애인고용공단' 등이 있다. 이 사이트에서는 직무별 요구 역량, 산업별 직업 수요, 그리고 맞춤형 직업 훈련 과정 정보를 체계적으로 제공하고 있으며, 직업상담사들은 내담자 특성에 맞는 정보를 제공하는 방식으로 접근할 수 있다.

직업 상담 현장에서는 사회취약계층을 '한계와 결점'의 대상에서 벗어나 '가능성'에 기반하여 그들이 가진 능력과 경험을 바탕으로 안정적이고 지속 가능한 경력 설정을 도와야 한다.

사회취약계층을 위한 직업정보 및 교육정보

사이트	내용
장애인고용포털	• 장애인 고용 사이트, 장애인 구인구직, 장려금 정보, 취업뉴스, 법령자료 등 수록
장애인 일자리 지원	• 취업 취약계층인 장애인에게 일자리를 제공하여 사회 참여를 확대하고 유형별 맞춤형 신규 일자리 발굴 및 보급
잡에이블	• 장애학생의 진로 및 직업 교육을 위한 다양한 콘텐츠와 정보를 제공
장애인인턴제	• 취업에 어려움을 겪고 있는 장애인에게 기회를 제공하여 직무 능력향상과 정규직 취업 가능성을 제고
장애인 고용장려금	• 장애인 의무고용률 3.1% 초과하여 장애인을 고용하는 사업주에게 고용장려금 지급
장애인 신규고용장려금	• 장애인의 신규고용률을 유도하기 위해 5인 이상 50인 미만의 상시근로자를 고용하는 사업주가 장애인을 신규고용하여 6개월 이상 고용을 유지한 경우 장애인 신규고용장려금을 지원
중증장애인 지원고용	• 직무지도원을 배치하여 선배치 훈련 후 고용하는 방식으로 사전 훈련 후 현장 훈련을 제공. 훈련생에겐 훈련준비금, 사업주에게는 보조금을 지원
중증장애인 인턴제	• 중증장애인에게 근로 기회 제공을 통해 자립생활 지원 및 맞춤식 직부 훈련 제공
장애인 취업성공패키지	• 장애인의 개인별 취업 활동 계획에 따라 취업 역량을 강화하고 심층 상담 및 훈련, 취업 알선 등의 단계별 통합 취업 지원 프로그램을 집중 제공
장애인 직업재활시설	• 자신의 능력과 적성에 맞는 직업생활을 할 수 있도록 장애인 지입 새활과 관련된 서비스제공 및 취업 기회를 지원

디딤돌 소득	• 저소득 가구에 대해 소득이 적을수록 더 많이 지원하는 정책
한경대학교 장애인평생교육센터	• 장애인 맞춤형 평생교육 프로그램을 운영하며, 장애인활동지원사 교육 등 전문 과정도 제공
하나포털	• 통일부에서 운영하는 북한이탈주민을 위한 공식 포털로, 취업, 교육, 주거 등 정착에 필요한 모든 정보를 종합적으로 제공
고용노동부 고용센터	• 전국 고용센터에 북한이탈주민 취업보호담당관을 배치하여 1:1 직업 상담 및 취업 알선 서비스를 제공
서울노숙인일자리 지원센터	• 노숙인, 쪽방 주민을 대상으로 구직 상담, 직업 훈련, 취업연계 등의 취업 지원 서비스를 제공
노숙인 다시 서기 종합지원센터	• 어려운 현장에 있는 노숙인을 보호하고 주거, 의료 및 일자리지원 등을 통해 자립을 지원
노숙인 공공일자리	• 노숙인, 쪽방주민을 대상으로 근로 능력에 맞게 단계적인 일자리 제공
서울시 동행일자리	• 저소득층에게 서울시청, 투자출연기관, 자치구 사업 현장의 공공 서비스 확충을 위한 일자리를 제공
지역공동체 일자리	• 지역자원을 활용한 직접 일자리 창출을 통해 취업취약계층에 대한 고용과 생계 안정 및 지역 공통체 활성화를 도모
자활근로	• 수급자 및 저소득층이 스스로 자활할 수 있도록 노동 기회를 제공하고 자립 기반 조성을 지원

3장
이현중

▽
▽
▽

청년 취업 상담 실전 매뉴얼

·· 1 ··
청년의 마음 여는
초기 상담 기술

취업 상담에서 청년 내담자와의 첫 만남은 이어질 상담 과정의 질을 좌우하는 중요한 순간이다. 아직 우리나라에서는 상담을 받는 것에 대해 부정적인 인식이 많다. 자의든 타의든 첫 상담이 시작되고 어색함이 감도는 가운데 상담이 시작된다. 첫 상담에서 내담자의 진로 히스토리를 알아보는 것은 무척 중요하다. 사람마다 진로 및 취업 준비도가 다르고 상담을 통해 얻고자 하는 상담 목표도 다르기 때문이다.

○ 진로 히스토리를 파악하는 질문과 대화

청년 내담자의 전반적인 진로 히스토리를 알아보기 위해서는 다양한 질문과 대화가 이어진다. 첫 상담에서 오고 가는 질문과 대화의 내용을 알아보자.

상담 시 첫 질문은 내담자의 기본사항에 관한 것이다. "어떤 전공을 하셨나요? 왜 그 전공을 선택하셨나요?"라고 물으면 대부분 다음과 같은 답변을 한다.

"점수 맞춰서 들어왔어요."

"취업이 잘될 것 같아 선택했어요."

"부모님(지인) 영향을 받았어요."

"그냥 별생각 없이 선택했어요."

상담했던 대다수 내담자는 점수 맞춰 전공에 들어왔다고 했다. 그만큼 진로 고민 없이 전공을 선택한 것이다.

후속 질문으로 학점에 대해 어떻게 취득했는지 묻는다. 학점이 좋지 않아 말을 꺼리는 내담자에게는 "적성도 맞지 않고 어려움이 많았을 텐데 지금까지 고생이 많았다"며 내담자의 히스토리를 인정해 준다. 취업 상담은 내담자에게 부담을 주려고 하는 것이 아니라 동기를 강화하려는 목적이므로 상담사는 내담자의 대답에 긍정적 피드백을 병행해야 한다.

다음으로 현재 기준의 취업 희망 분야를 묻는다. 대부분은 취업에 대해 막연한 생각을 갖고 있는 편이다.

"학점이 안 좋아서 공공기관에 가야 할 거 같아요."

"기술 쪽은 안 맞아서 사무직 쪽으로 알아보고 싶어요."

이처럼 많은 내담자는 진로에 대해 막연하게 생각하며 구체적인 목표 없이 취업을 준비하고 있는 것이다.

이어서 현실을 인식시켜 주는 질문을 추가한다. 자격증은 어떤 것을 취득하였는지, 어학, 컴퓨터 활용, 직무 관련 자격증이 있는지 묻는다. 진로성숙도가 어느 정도 있는 내담자라면 자격증 등을 갖추고 있지만, 진로 설정이 모호한 내담자는 자격증이 없는 경우가 많다.

기본적인 취업 준비도를 확인한 후 이어서 직무 관련 경력사항을 확인한다. 요즘 신입 채용에도 인턴, 현장실습 등 직무 관련 경험이 있는 사람을 선호한다. 그렇기에 직무 관련 경험을 갖는 것이 취업에서 얼마나 필요한 것인지 묻고 내담자의 생각을 들어본다. 직무 관련 경험은 쉽게 가지기는 어렵다. 직무 관련 경험을 가지기가 쉽지 않은 것이 현실이기에 상황을 공유하고 후속 질문으로 자신이 흥미 기반으로 해볼 수 있는 활동인 대외 활동에 대해 질문을 한다.

"지금까지 동아리, 공모전, 봉사 활동 등 어떤 활동을 해보셨나요?"

진로성숙도가 높은 내담자는 관련 활동을 많이 해왔을 것이고, 진로성숙도가 낮은 내담자는 활동 경험이 적을 것이다. 이렇게 현재까지의 진로와 취업을 위해 준비한 것을 묻다 보면, 내담자 스스로 진로와 취업에 대한 준비가 부족했음을 인식하게 된다.

이제 좀 더 실질적인 질문으로 들어간다. 어떤 취업 목표를 가지고 있는지, 기업 형태는 어떻게 생각하고 있는지, 크게는 사기업과 공기업, 세분화시켜서는 대기업, 중견기업, 중소기업, 외국계 기업, 스타트업 등 큰 틀에서 물어본다. 취업을 처음 준비하는 내담자의 경우 목표선을 크게 잡는 경우가 많다. 아직 냉혹한 취업 현실에 대해 체감하지 못했기 때문이다.

큰 틀의 취업 목표를 확인한 뒤 관심 업종에 대해서도 질문한다. 관심 업종을 물어보는 이유는 한두 개의 대표 기업으로 진로를 선택한 경우, 그게 좌절되면 이후 방향을 잃고 방황하거나 준비 부족으로 지원의 기회도 만들지 못하기 때문이다. 취업은 짝사랑과 비슷하다. 내가 관심이 있는 기업이 모두 나를 좋아하지는 않는다. 우선 타겟 업종을 2~3개 잡고 그 안에 있는 관심 기업을 타겟팅해서 지원하도록 도와주자.

○ 내담자의 강점과 상담 목표

취업을 준비할 때 자신의 강점에 대해 아는 것은 중요하다. 지원자가 보유한 강점을 얼마나 잘 어필하느냐에 따라 합격이 결정되기 때문이다. 그래서 내담자의 강점을 꼭 묻는다. 자신이 입사서류나 면접에서 어떤 부분을 어필하고 싶은지, 그 부분을 3가지 정두 이야기해 달라고 한다. 그렇게 강점을 묻고 그 해당 사례가 있는지, 들어보는 시간을 갖는다. 내부분 강점에 대해 물어보면 익숙하지 않은 실문이라

곧바로 답변하는 경우는 드물다. 그럴 땐 상담사가 한 번 더 대답을 이끌어 낸다. 타인에게 좋은 평가를 받은 점도 괜찮고, 스스로 생각했을 때 괜찮다고 판단하는 부분을 편히 이야기해 달라고 한다. 이렇게 강점을 얘기하는 것은 채용 준비에 있어서 굉장히 중요하다. 왜냐하면, 청년 구직자는 자신이라는 상품을 세일즈해 본 경험이 거의 없기 때문이다. 강점에 대한 질문은 자신의 어떤 부분이 해당 기업·산업·직무와 잘 매칭되는지 스스로 생각하게 하고 관점을 전환시켜 준다.

강점에 대한 질문을 마치면 자신의 약점이나 보완해야 할 부분이 무엇인지 묻는다. 이 질문은 앞선 질문보다는 더 잘 대답하는 편이다.

"저는 어학 점수가 부족해요."

"학점이 낮아요."

"활동을 너무 안 했어요."

이처럼 스스로 부족하다고 생각하는 사항에 관해 이야기를 들어보면 내담자가 자신의 약점을 어떻게 인식하는지 확인할 수 있다. 대부분 스펙 관련 부분을 문제로 꼽는 경우가 많고, 큰 문제가 아닌데 신경을 쓰는 경우도 있다. 이런 경우 상담사가 별문제가 아니라는 점을 이야기하고 용기를 주는 것이 필요하다.

요즘 대학, 지자체, 사설 기관에서 진로, 취업 프로그램을 진행하고 있다. 그동안 상담을 받았던 경험이 있는지, 프로그램은 어떤 프로그램을 들었는지를 물어보게 되면 그 내담자의 진로 상담 이력과 기존 상담 결과에 대해 알게 된다. 상담사들이 내담자에게 일치된 견해를 제공하면 좋겠지만 간혹 상반된 의견으로 인해 내담자가 혼선을 겪는 경우가 있다. 진로와 취업에는 정답이 없기 때문에 이럴 때는 내담자가 자신에게 도움이 되는 의견을 선별할 수 있도록 지지해 주는 게 필요하다. 그렇게 해야 내담자가 혼란을 겪지 않고 방향을 올바로 잡을 수 있다.

마지막으로 첫 상담의 하이라이트 질문을 소개한다. 바로 "현재 제일 어려움을 느끼는 것이 무엇인가요?"이다. 이 질문은 상담의 핵심이자 내담자가 상담을 통해 얻고자 하는 가장 핵심적인 사항을 알아보는 것이다. 내담자가 가장 어려움을 겪는 부분이 무엇인지 듣고 그 부분을 상담 기간에 해소시켜 주는 것이 중요하다.

▸▸ 내담자를 이해하는 기초 질문 ②

– 본인이 기업에 어필하고 싶은 강점이라든지 잘한다고 생각하는 것이 무엇인가요?
– 본인이 생각했을 때 보완해야 하는 것이 무엇이라고 생각하나요?
– 학교의 진로, 취업 프로그램을 듣거나 상담을 받았나요? 거기서 느낀 점은 무엇이고 어떤 피드백 등을 받았나요?
– 현재 취업 준비에서 가장 어려운 부분이 무엇이며 가장 큰 고민이 무엇인가요?

지금까지 청년들과 첫 상담을 진행할 때 상담 방향과 과정의 핵심적인 사항을 알아보았다. 요즘 유튜브나 다양한 매체의 정보가 많기에 이미 많은 정보를 알고 있는 청년도 있다. 그렇다 보니 정보에 우위를 가지고 있는 청년 내담자의 경우는 상담사를 부정적으로 평가하는 경우도 있다. 상담하기 전 상담 전문성을 키우기 위해 노력하는 것은

기본이 돼야겠지만, 이런 경우는 상담사에 대해 신뢰가 부족해서 생긴 문제라고 생각한다. 상담은 많은 정보를 나열하기 위해 하는 것이 아니라 그것들을 구슬로 꿰어 보배로 만들기 위함이다. 상담사가 다양한 정보를 구슬로 꿰어주는 전문가임을 확신할 수 있다면 내담자는 상담사를 신뢰하며 마음을 열고 다가올 것이다.

신뢰하는 관계는 상담사가 내담자의 말을 경청하고 상황을 공감하여, 어려움을 이해하고 격려할 때 자연스레 형성된다. 그렇기에 첫 상담에 내담자의 히스토리를 듣고 진심으로 돕고자 하는 마음을 가져야 한다. 그런 진심 어린 표정과 말은 내담자에게 큰 위안과 힘을 준다.

어쩌면 스쳐 가는 인연일 수 있지만 짧은 만남을 통해 그 사람의 미래는 변화를 향해 발걸음을 시작한다. 그렇기에 나는 오늘도 진심을 꾹꾹 담아 첫 상담을 진행한다.

·· 2 ··

명확한 진로 목표로
이끄는 법

청년 취업의 첫 시작은 희망 직무를 선택함으로써 시작된다. 그런데 이 중요성을 간과하고, 직무 설정이 되지 않은 채 바로 취업 준비를 시작하는 경우를 보곤 한다. 그런데 그렇게 취업 준비를 시작하게 되면 쉽게 난관에 부딪히고 여러 시행착오를 겪게 된다.

많은 청년 내담자가 자신이 어떤 일을 할 수 있을지 모른 채 졸업하거나 졸업 유예자가 된다. 더 큰 문제는 막막함 때문에 맞지 않는 오버 스펙을 쌓아간다는 것이다. 직무와 무관한 자격증을 취득하거나, 외국어 점수 몇 점 더 올리기에 급급한 경우를 보았다. 목표 직무가 설정되지 않은 상태에서 뭐라도 쌓아놓으면 도움이 될 거라는 생각으로 스펙을 쌓곤 하지만 이내 이력서를 쓰는 시점에서 그걸 왜 취득했는지 본인도 납득이 안되는 경우를 보게 된다. 따라서 직업상담사는 청년 내담자가 직무 설정을 하도록 돕는 게 우선이다

직무 설정 시 추가로 고려해야 하는 사항은 희망 직무를 1가지가 아닌 2~3가지로 정하도록 권하는 것이다. 요즘 채용 시장은 직무별 채

용 인원이 적은 편이다. 1가지 희망 직무를 메인으로 구직 활동을 하되 추가 희망 직무 2, 희망 직무 3에 대한 채용 공고도 같이 살펴보게 하자. 취업 준비는 기본적으로 확률 싸움이기 때문에 지원을 많이 할수록 취업 확률은 올라가게 된다는 것을 설명해 주자.

취업 준비를 도와주면서 직무에 대해 청년 내담자가 잘 모른다는 사실을 인식시키는 것도 중요하다. 실제 일을 경험해 보지 않았기에 대체로 직무에 대해 막연한 이미지나 주변 이야기에 의존하는 경우가 많다. 더군다나 직무의 중요성을 모르는 경우도 참 많다.

졸업 후 여러 곳을 지원했지만, 8개월 동안 취업이 되지 않은 청년 내담자가 나를 찾아왔다. 오랜 기간 취업이 되지 않아 크게 좌절했던 그의 목표는 '어디든 가자'였다.

"선생님, 어차피 회사라는 곳은 힘든 곳이잖아요. 저는 어디든 가도 적응을 잘할 수 있으니 취업만 빨리하고 싶어요"

오랜 기간 취업 준비로 지친 내담자는 빠른 취업을 원했다. 마침 학교 채용 설명회가 있어 함께 준비하여 상담 1개월 만에 회사에 채용되었다. 빠르게 취업에 성공했던 내담자는 취업 후 1달도 채 되지 않은 시점에 학교에서 재회하게 되었다.

"지금 회사에 있을 시간인데 왜 학교에 왔어? 휴가 나왔어?"

"선생님, 저는 빠르게 취업만 하면 될 줄 알았어요. 근데 회사에 가보니까 일이 정말 중요했어요. 직무가 잘 맞지 않으니 하루하루가 너무 힘들었어요. 이렇게 계속 직장 다니면 정말 답이 없을 것 같아서 나오게 되었어요."

이렇게 내담자는 직무에 적응하지 못하고 퇴사한 것이었다. 다음날 부터 다시 취업 상담이 진행되었다. 이번에는 직무 설정부터 제대로 하자고 하였다. 일단 전공을 살펴보며 지원할 수 있는 직무가 무엇이 있을지 살펴보았다. 해당 전공의 주요 진출 직무부터, 범위를 확장하 여 지원 가능한 직무별로 하는 일과 필요 역량에 대해 같이 알아보았 다. 그런 다음 자신의 강점, 흥미, 성격 등 전반적인 내담자의 특성을 확인하는 시간을 가졌다. 고용24 무료 직업 심리 검사를 해보는 시간 을 가졌고, 검사 결과를 같이 해석해 주며 상담을 진행하였다.

"○○님은 직업 심리 검사와 여러 차례 상담을 진행해봤을 때 영업 직무가 적합한 거 같네요."

하지만 내담자는 영업 직무에 대해 좋지 않은 선입견을 가지고 있 었다.

"만약 제가 영업 직무를 해보겠다고 하면 부모님께서 반대하실 것 같아요. 그리고 그 직무는 물건을 파는 일이라 자신이 없어요."

내담자는 걱정스러운 얼굴로 말했다. 그래서 다시 영업 직무에 대 해 구체적으로 상담을 진행했다.

"우리가 보통 아는 영업 직무는 물건을 파는 일로 알고 있는데 영업 의 세계는 각 산업·회사별 영업 직무가 달라요. 그리고 우리가 아는 영업은 B2C인데 회사에서 채용하는 영업 직무는 B2B 영업이 많아요."

이렇게 직무에 대해 하나씩 설명해 주며 채용 공고에 나온 내용을 살펴보았다. 설명을 듣고 내담자는 직무에 대해 제대로 개념을 잡을 수 있었다. 그리고 직무를 살펴볼 때 추가로 타깃 산업을 잡아보는 것 을 제안했다. 그냥 영업직이 아니라 반도체 영업, 제약 영업, IT 영업,

서비스 영업 등 산업도 같이 정해서 알아보도록 했다. 그렇게 직무와 산업을 같이 정했고, 내담자는 최종적으로 제약 영업 쪽을 지원해 보고자 했다. 제약 영업으로 취업 목표를 정하니 기업도 명확해졌다. 가고 싶은 기업을 리스트업을 할 수 있었고, 각 기업에 맞춤식으로 입사 지원을 하게 되었다. 처음에는 모든 곳의 서류 전형에서 탈락했지만, 시간이 흐르자 노하우가 생겼고, 6개월쯤 지난 시점에는 여러 곳에 합격하는 상황에 이르렀다. 그렇게 중견 제약사에 합격한 내담자는 내게 이런 말을 했다.

"선생님이 두 번이나 취업을 도와주셨으니 저에게 은인이세요. 그리고 빠른 취업이 아니라 제대로 취업 준비를 해서인지 일이 너무 재미있어요."

그렇게 내담자는 빠르게 회사에서 인정받게 되었고 시간이 흘러 회사에 최연소 진급과 함께 영업왕이 되었다.

지금까지 내담자와의 실제 취업 상담을 통해 목표 직무를 설정하고 취업을 준비하는 과정에 대해 살펴보았다. 아직도 많은 청년 내담자들이 직무 설정을 명확히 하지 않고 취업에 들어가는 경우를 많이 보게 된다.

"사무직에서 일해보고 싶어요."

"IT 쪽으로 방향을 정했어요."

"금융권으로 가려고요."

이처럼 많은 청년 내담자가 구체적인 방향성 없이 취업을 준비한다. 이는 직무 설정이 중요하다는 사실을 깨닫지 못했기 때문이고, 직무에 대해 잘 모르기 때문이다. 따라서 직업상담사는 직무의 중요성에 대해 잘 알도록 인식시켜 주고, 내담자의 강점과 흥미를 직무와 잘 연결할 수 있도록 안내해 주어야 한다. 표 '직무 분석 워크시트'를 활용하여 효과적인 상담을 해보자.

직무 분석 워크시트

희망 직무명	
직무 선택 이유?(동기)	
직무 세부 업무 내용 (주요 업무, 하는 일? 등)	
직무상 좋은 점?	
직무상 어려운 점?	
직무 비전 및 전망?	
직무 수행을 위해 필요한 지식, 기술, 태도	
직무에서 필요한 경험 및 활동?	

맞춤 기업 리스트
만들기 전략

직무가 결정되면 본격적으로 취업의 실체를 잡는 데 중점을 두고 상담을 진행한다. 메뉴가 많은 음식점에 가게 되면 어떤 음식을 시킬지 고민이 되는 것처럼 기업도 수만 개가 있기 때문에 어떤 기업을 알아봐야 할지 청년 내담자는 어려움을 갖고 있다. 자신에게 맞는 기업이 어떤 기업이 있을지, 그 기업에서 어떤 인재를 원하는지 정확히 모른 채 그저 규모가 큰 기업, 유명세가 있는 기업, 안정성이 있다는 기업을 목표로 취업 준비를 하는 청년이 대다수다.

그래서 상담할 때 '희망 기업 리스트' 워크시트를 켜두고 "졸업 후 가고 싶은 기업 리스트를 30~50개 정도 적을 수 있느냐"고 묻는다. 이 질문을 하면 대부분 청년 내담자들은 당황하게 된다. 관심 기업이 2~3개 정도인 경우가 대부분이고, 30~50개 정도씩 관심 기업을 설정해 본 경험이 없기 때문이다.

구분	기업명	지원직무	자격조건	우대조건	채용절차	출처(링크)
1						
2						
3						
4						
5						
6						
7						
8						
9						
10						
11						
12						
13						
14						
15						
16						
17						
18						
19						
20						
21						
22						
23						
24						
25						
26						
27						
28						
29						
30						

희망 기업 리스트 워크시트

핸드폰 하나 살 때도 이런저런 스펙을 비교하며 사는데 정작 자신이 지원할 기업에 대해 별 고민 없이 그저 큰 기업이라는 이유로 지원한다면 취업을 준비하는 구직자로서 신중함이 부족한 자세라 할 수 있다. 또한 큰 기업 몇 개 중에서만 고른다면 선택의 폭도 좁을 뿐만 아니라 해당 직무에 대한 고민도 얕을 수밖에 없다.

그럼, 청년 내담자에게 기업에 대해 어떻게 알아보도록 해야 할까? 필자는 기업을 알아보게 할 때 오히려 기업 선택의 폭을 줄여준다. 가령 수만 개의 기업을 두고 알아보는 게 아니라 관심 산업 2~3개 분야 내에 있는 기업을 알아보게 하는 것이다. 그 산업을 필터로 걸고 채용 포털에서 기업을 탐색하면 내담자에게 잘 맞는 소위 '맞춤형 기업'을 찾을 수 있게 된다.

이렇게 산업별로 기업을 찾는 것과 더불어 청년 내담자에게 잘 맞는 맞춤형 기업을 찾는 방법이 또 있다. 상담사가 지역별 우수 기업에 대한 빅데이터를 확보해서 소개하는 것이다. 우수 기업에 대한 정보는 내담자가 알지 못하는 경우가 있다. 그러니 상담 시 지역 기업정보를 샘플로 여러 개 소개해 주다 보면 자연스럽게 내담자의 기업을 보는 시야를 키울 수 있다.

이렇게 기업을 탐색해서 선택했다면 입사를 위해 무엇을 준비할지 구체적인 준비를 해야 한다.

구체적인 취업 방법을 알기 위해서는 관심 기업의 최근 채용 공고를 봐야 한다. 채용 공고를 보게 되면 그 기업이 어떻게 채용하는지 확실하게 알 수 있게 된다. 요즘은 경력자 위주로 채용하는 기업이 많아져 내담자가 희망하는 직무는 신입 채용을 하지 않는 경우가 많다. 그렇기에 그런 기업은 바로 제외하고 현실적으로 신입 채용이 가능한 기업들을 알아보는 것이 중요하다.

관심 기업에서 희망 직무에 신입 채용이 있는 기업이라면 본격적으로 채용정보상에 나와있는 자격 조건, 우대사항, 채용 절차에 대해 '희망 기업 리스트' 워크시트에 정리하도록 한다. 이때 희망 기업에 대해 30개 정도 알아보도록 독려하는 게 필요하다. 이렇게 딱 30개라고 목표를 주는 이유가 있다. 이런 목표를 내담자에게 주어야 좀 더 분명하게 기업을 알아보기 때문이다. 30개 정도 기업의 과거 채용정보를 정리하다 보면 그 기업에서 어떤 자격 조건을 필요로 하는지 분명히 알게 되고, 갖추면 좋은 우대사항과 채용 절차에 대해서도 제대로 알게 된다. 이렇게 30개 정도 시간을 내서 정리하다 보면 자신만의 취업 계획이 자연스럽게 세워진다.

그리고 A기업, B기업, C기업… 여러 기업의 자격 조건과 우대사항을 정리하다 보면 중복되는 교집합이 보인다. '아~ 내가 원하는 기업에서는 대체로 이런 자격을 원하는구나~ 이런 경험이 있는 사람을 좋아하는구나~' 하면서 자신이 취업을 위해 준비할 사항에 대해 우선순위를 깨닫게 되는 것이다. 그런 과정에서 자신만의 맞춤형 취업 준비 전략을 갖게 된다.

○○대학교 영문학과 4학년 2학기 청년 내담자와 취업 상담을 진행했다. 희망 직무로는 마케팅 직무를, 그리고 기업에 대해서는 명확한 방향 없이 취업 준비를 하고 있었다. 마지막 학기를 다니고 곧 졸업을 앞두고 있다 보니 초조한 마음이 상담사인 나에게도 느껴질 정도였다. 그래서 그런지 목소리에 힘이 없었고 취업에 대한 자신감 또한 없어 보였다. 그래서 내담자에게 이렇게 물었다.

"지금 가장 어려움을 가지고 있는 게 무엇인가요?"

"진로를 생각하면 막막한 생각만 들어요. 그리고 무엇부터 준비해야 할지 모르겠어요."

그는 막막한 상황에 답답해했다.

그래서 내담자에게 '희망 기업 리스트' 워크시트를 보여주며 물었다.

"○○님, 졸업했다고 생각하시고 관심 있는 기업이니 입사 지원하고 싶은 기업 리스트를 30개 정도 말해줄 수 있나요?"

"이 네? 생각이 전혀 안 나네요. 기업까지는 깊이 생각해 보지 않았거든요."

그는 많이 놀라며 답했다.

"취업 준비를 하면서 가장 중요한 것은 취업의 실체인 기업에 대해 아는 것인데 학교에서도 집에서도 기업에 대해 알기 어려운 것 같아요. 앞으로 어떻게 알아보시면 되는지 설명해 드릴게요."

이렇게 말하며 포털에서 기업 검색창을 열어 관심 산업에 관해 이야기했다.

"자~ 이제 한번 ○○님이 어떤 기업을 원하고 있는지 알아보겠습니다. 제조·생산부터 미디어·문화 산업까지 여러 분야가 있는 데 어떤 산업에 관심이 있나요?"

이렇게 말하며 2가지 정도 산업을 타겟하여 선택하게 했다. 그리고 그렇게 나온 기업들을 같이 살펴보며 이렇게 말했다.

"어차피 관심 없는 산업에 대해 기업들은 앞으로 취업 준비할 때 지원하기가 어려울 거예요. 관심도 없는데 자소서를 쓰려면 얼마나 어렵겠어요?"

그렇게 말하며 관심 산업 내에 있는 기업체들을 하나씩 살펴봤다. 그리고 가장 중요한 과거에 어떻게 채용을 진행했는지 채용 공고를 살펴봤다.

"아~ ○○ 기업은 ○○님이 지원하고 싶은 직무에 신입 채용을 하지 않네요. 이 기업은 차후 경력을 쌓고 지원해 보시면 좋겠네요."

"○○ 기업은 지원하려면 ○○ 경험과 자격증이 있으면 좋겠네요."

"○○ 기업은 채용 과정에서 AI 역량 검사를 보네요."

이렇게 말하며 기업의 구체적인 채용정보를 같이 확인했다. 그렇게 하다 보니 상담을 하는 중에도 희망 기업 리스트를 몇 개 채울 수 있었다. 그렇게 여러 채용 포털을 둘러보며 관심 기업을 찾는 법을 상담해 주었다.

상담을 마치기 전 청년 내담자는 이렇게 말했다.

"상담사님, 감사합니다. 취업이 정말 막막했는데 이제 어떻게 준비를 해야 하는지 확실히 알게 되었어요. 이제 취업 준비에 대한 갈피를 잡았으니 열심히 실행하고 찾아보겠습니다."

그 이후 상담은 몇 차례 더 이어졌고, 청년 내담자는 자신만의 맞춤형 기업을 찾아 취업 준비를 했다. 시간이 흘러 그는 합격 소식까지 전해주었다. 졸업도 하기 전에 취업에 성공한 것이다.

"선생님, 회사에서 일해보니 저랑 너무 잘 맞아요! 이 회사는 원래 전혀 모르던 회사였는데 정말 입사 안 했으면 큰일 날뻔했어요."

지금 그 내담자는 회사에서 열심히 경력을 쌓고 있는 4년 차 현직자가 되었다.

지금까지 내담자와 상담을 진행했던 사례를 살펴보았다. 이렇듯 취업을 어떻게 준비해 나가야 할지 모르는 청년이 많다. 확실한 목표 없이 취업을 준비하니 항상 막연하고 자신이 없는 것이다. 불안한 마음에 남들이 한다는 스펙을 쌓아보지만 막막한 마음은 해소되지 않는다. 따라서 상담을 할 때 내담자에게 구체적인 목표를 심어주는 게 좋다. 자신만의 맞춤형 기업이 어떤 곳인지, 어떤 준비가 필요한지, 자신이 직접 찾아보도록 취업 준비를 돕는다. 상담을 통해 조금씩 내담자의 미래를 선명하게 만들어 주자.

·· 4 ··
서류 합격률 높이는
준비 프로세스

청년 내담자와 십여 년 넘게 만나면서 가장 많이 진행했던 상담은 입사서류 컨설팅이다. 입사서류 준비는 청년들이 어려워하고 상담할 때 가장 많은 수요가 있다. 이 내용을 직업상담사가 잘 숙지하고 있다면 상담의 만족도가 올라가고 취업 준비생에게 직접적인 도움을 줄 수 있다. 그동안의 경험을 바탕으로 입사서류 상담에서 반드시 알아야 할 개념과 사전 준비사항을 소개한다.

입사서류 상담에서 알아야 할 아주 중요한 개념이 있다. 바로 채용 평가가 이루어지는 기준이다. 채용 평가 기준을 알아야 하는 이유는 기업이 중요하게 보는 역량과 구직자가 강조할 경험·강점을 정확히 연결하기 위해서다.

채용 평가의 첫 번째 기준은 '직무 적합성'이다. 직무 적합성은 해당 기업 직무에 대해 얼마나 잘 알고 있는지, 또 얼마나 잘해낼 수 있을지 평가하는 것이다. 요즘 기업들은 상·하반기 공개 채용 대신, 필요 인력이 생길 때마다 채용하는 수시 채용 방식을 선호하기 때문에 직무 적합성이 더 중요해지고 있다. 두 번째는 '조직 적합성'이다. 조직 적합성은 해당 기업의 인재상과 얼마나 잘 맞는 사람인지, 협력 업무를 잘 수행하고 시너지를 만들어 낼 수 있을지 평가하는 것이다. 기업은 직무 능력만 좋다고 그 사람을 뽑는 것이 아니다. 대한상공회의소에서 발표한 '100대 기업 인재상 보고서'에 따르면, 선호하는 인재상 1위로 '책임의식'을 꼽았다. 따라서 구성원과 협업하여 자신의 업무에서 책임을 다하고 더 나아가 성과를 낼 수 있는 사람임을 서류에 드러내도록 상담이 필요하다.

○ 입사서류 작성 시 사전 준비사항

입사서류를 작성할 때 내담자에게 필요한 사전 준비사항이 있다. 바로 자신의 경험을 정리하는 것이다. 경험 정리는 자기소개서의 '재료 준비'이자 면접의 '리허설' 역할을 한다. 즉, 글의 완성도를 높이고, 차별화된 강점을 드러내며, 면접에서도 흔들리지 않는 탄탄한 기반을 마련해 주는 것이다.

경험 정리의 방법에는 세 가지가 있다.

첫째 '마인드맵' 기법이다. 이 기법은 순서 없이 모든 경험을 나열해 보면서 자신의 경험을 한눈에 정리하기에 유용한 방법이다. 마인드맵을 통해 개괄적인 경험 정리를 했다면 다음의 둘째, 셋째 방식으로 구체화시키면 좋다.

둘째 'STAR' 기법이다. 이 기법은 Situation(상황), Task(과제), Action(행동), Result(결과) 순으로 자신의 경험을 작성해 보는 것이다. 논리적이면서도 간결하게 경험을 정리할 수 있다.

　마지막으로 필자가 추천하는 'SOARA' 기법이 있다. 이 기법은 Situation(상황), Objective(목표 및 이슈), Action(행동), Result(결과), Aftermath(영향) 순으로 자신의 경험을 기술하는 방식이다. 청년 내담자에게 아래의 'SOARA' 기법 워크시트를 주고 자신의 경험에 대해 기록하도록 해보자.

SOARA 기법

구분	내용
Situation (상황)	- 당시 어떤 상황에서 어떤 문제가 있었는지?
Objective (목표 및 이슈)	- 어떤 역할과 목표를 달성해야 했는지? - 그 과정에서 어떤 이슈와 어려움이 있었는지?
Action (행동)	- 목표를 달성하고 문제를 해결하기 위해 어떤 행동을 했는지? - 목표 및 문제를 해결하기 위한 차별화된 시도는 무엇이었는지?
Result (결과)	- 행동으로 인해 목표가 달성되었는지? 결과는 어떠하였는지? - 정량적 결과와 정성적 결과는 무엇이었는지?
Aftermath (영향)	- 경험을 통해 배운 점은 무엇이며, 앞으로 어떻게 발전해 나갈 것인지? - 조직, 직무에 어떻게 유용하게 적용하고 기여할 수 있을지?

○ 직무와 기업에 대해 분석하기

　다음으로 직무 적합성과 조직 적합성에 맞는 인재임을 서류에서 보여주기 위해서 직무와 기업에 대해 분석하는 법을 알려주면 좋다. 특히 서류 준비도가 낮은 내담자일수록 직무와 기업에 대해 제대로 탐색하지 않고 서류를 작성하는 경우가 많다. 그렇기 때문에 서류 작성이전에 직무에 대한 이해도를 높이고 기업에 대해 분석하는 법을 상담사가 알고 있어야 제대로 된 컨설팅이 가능하다. 특히 요즘은 상담사가 생성형 AI를 잘 다루면 유리하다. 생성형 AI를 활용하면 직무와 기업에 대해 짧은 시간에 원하는 정보를 찾을 수 있고, 추가적인 분석도 가능하다. 아래 프롬프트를 통해 직무와 기업 분석에 도움을 주자.

<생성형 AI 활용 직무 및 기업 분석할 때 프롬프트 예시>

- [기업명]의 홈페이지나 채용 공고에 나온 인재상과 [지원 직무명]에 대한 주요 요구사항을 정리해줘. 가능하다면 이 기업 출신 현직자들의 인터뷰에서 언급된 실제 업무 환경이나 필요 역량도 함께 알려줘.
- [기업명]의 최근 1년간 주요 사업 동향, 신규 프로젝트, 그리고 CEO의 최근 인터뷰나 비전 statement를 요약해줘. 특히 해당 기업의 미래 전략 방향성에 대해 자세히 알려줘.
- [지원 직무명 및 기업명]과 [직무 및 기업에 대해 알고 싶은 것]에 대해 구체적으로 알려줘.

○ 자기소개서 상담 포인트

이제 청년 내담자가 가장 어려워하는 자기소개서 작성에 대해 알아보자. 필자는 자기소개서를 컨설팅할 때 크게 형식적인 측면과 내용적인 측면으로 구분하여 체크한다. 형식적 측면은 2가지를 확인한다.

첫째, 결론이 앞에 나오는 두괄식 구성으로 작성되어 있는지 확인한다. 기업에서는 철저히 결론부터 정리하는 문서 형식을 추구한다. 그렇기 때문에 핵심 결론이 맨 앞에 나오도록 작성하고, 평가자를 배려하는 차원에서 소제목도 작성해 주는 것이 좋다.

둘째, 역량을 키워드로 직접 언급하기보다 사례를 활용하여 구체적으로 작성한다. '창의적인', '글로벌', '문제 해결 능력' 등 역량에 대해 직접 표현하는 경우가 많은데 평가자들은 구체적인 경험을 통해 그러한 역량을 지녔는지 확인하고 싶어 한다. 그렇기 때문에 앞서 말한 STAR 기법과 SOARA 기법을 통해 경험을 구체화해 작성하도록 컨설팅하는 게 필요하다.

내용적 측면에서 직무와 기업에 적합한 인재임을 어필하였는지 확인해야 한다. 지원한 직무에 가장 적임자처럼 보이도록 할 뿐만 아니라 기업에 이익을 줄 수 있는 인재로 인식되도록 지원자를 부각하는 자기소개서 상담이 필요하다.

표 '자기소개서 체크 리스트'를 활용하여 내담자가 자체적으로 체크할 수 있도록 전달해 주자.

자기소개서 체크 리스트

<글의 형식 측면>					
구분	문항	매우 그렇다	그렇다	보통	그렇지 않다	매우 그렇지 않다
1	문단의 첫 문장은 결론부터 제시하는 '두괄식'으로 작성되었는가?	5	4	3	2	1

2	소제목이 글의 핵심 내용을 효과적으로 전달하고, 관심을 유발하는가?	5	4	3	2	1
3	숫자를 사용하여 내용에 대한 이해도를 높이고, 가독성을 좋게 만들었는가?	5	4	3	2	1
4	문장이 너무 길거나 복잡하지 않고, 한눈에 들어오게 간결하게 작성되었는가?	5	4	3	2	1
5	회사명 오기, 오탈자, 띄어쓰기 오류, 비속어는 없는가?	5	4	3	2	1
6	합격 자소서나 생성형 AI의 내용을 그대로 복사하지 않고, 나의 언어로 여러 번 검토하였는가?	5	4	3	2	1
7	전체적으로 글의 논리적 흐름이 자연스럽고, 문단이 명확하게 구분되어 있는가?	5	4	3	2	1
<글의 내용 측면>						
8	문항에서 묻는 의도(질문의 핵심)를 정확하게 파악하고 작성하였는가?	5	4	3	2	1
9	추상적인 내용은 자제하고, 행동에 대한 구체적인 경험과 사례를 포함하였는가?	5	4	3	2	1
10	한 개의 항목에 여러 경험을 섞지 않고, 한 가지 핵심 역량에 집중하여 작성하였는가?	5	4	3	2	1
11	직무와 관련된 나의 경험이 단순히 나열된 것이 아니라, 나의 핵심 역량과 능력을 효과적으로 증명하는가?	5	4	3	2	1
12	경험을 통해 얻은 결과뿐만 아니라, 그 과정에서 배운 점이나 깨달음이 명확하게 기술되어 있는가?	5	4	3	2	1

13	회사에 기여할 수 있는 나만의 차별화된 경험이나 아이디어를 제시하였는가?	5	4	3	2	1
14	경험을 통해 얻은 역량이 지원 직무에서 어떤 성과로 이어질 수 있는지 구체적으로 제시하였는가?	5	4	3	2	1
15	지원동기가 단순히 회사에 들어가고 싶다는 의지를 넘어, 직무, 회사, 산업에 대한 깊은 이해를 보여주는가?	5	4	3	2	1
16	지원한 직무를 수행할 수 있는 '나만의 강점'과 '구체적인 능력'을 제대로 보여주고 있는가?	5	4	3	2	1
17	자기소개서 전체 내용이 하나의 일관된 인물상(정체성)을 보여주는가?	5	4	3	2	1
18	정형화된 내용이 아닌, 나만의 진솔한 경험과 생각이 담겨있는가?	5	4	3	2	1
19	입사 후 포부가 나의 역량과 회사의 성장 방향에 연결되어, 구체적이고 현실적으로 작성되었는가?	5	4	3	2	1
20	회사 이름만 바꿔서 제출한 것이 아니라, 지원하는 회사별 맞춤형 내용으로 작성되었는가?	5	4	3	2	1
소계						
총 점수						

※ 점수 해석: 70점 이상 합격 가능성 높음, 40점~69점 보완 필요, 40점 미만 재작성 권장

자소서 주요 문항
컨설팅 노하우

이제 자기소개서 주요 문항에 대해 구체적으로 컨설팅하는 방법을 알아보자. 필자의 경험으로 봤을 때 자기소개서는 주요 문항이 작성되어야 응용 능력이 생기고 그에 따라 여러 입사 지원이 가능하게 된다. 그래서 내담자에게 자기소개서 기초가 되는 주요 문항을 가장 먼저 완성시킨 후 기업(직무)별 맞춤 입사지원서를 작성하도록 추천하는 것이 좋다.

자기소개서 주요 문항인 지원 동기, 입사 후 포부, 직무 역량, 성격의 장단점에 대해 어떻게 컨설팅하는지 전반을 소개하면 다음과 같다.

○ 지원 동기

지원 동기는 평가지가 가장 궁금해하는 문항이다. 그래서 보통 지기소개서 1번 문항으로 출세되곤 한다. 그만큼 중요한 문항이고 지원 동기만 읽어보아도 지원자가 지원 기업(산업)과 직무에 얼마나 준비가 되었는지 알 수 있다. 내담자에게 자기소개서 문항 중 가장 어려운 문항이 무엇이냐고 물어보면 가장 많은 비율로 지원 동기를 꼽는다. 내담자들이 왜 이렇게 지원 동기 작성을 어려워할까? 그 이유는 바로 기업·직무·나에 대한 분석이 선행되지 않았기 때문이다.

지원 동기를 물어보는 의도는 무엇일까?

첫째, 기업에 대한 관심도를 알고 싶기 때문이다. 해당 기업에 대해 얼마나 깊은 관심과 애정을 가지고 지원했는지를 확인하고 싶어 한다.

둘째, 기업의 구체적인 사업 방향과 흐름을 지원자가 알고 있는지 알아보기 위해서다. 그것이 파악되면 지원자의 기업에 대한 충실도·충성도를 확인할 수 있다.

셋째, 기업에 적극적 동기가 있는지를 확인하기 위해서다. 적극적 동기란 그저 좋은 기업이어서 지원했다는 소극적 동기가 아니라 기업·직무에 어떻게 기여할 수 있는지를 이야기하는 것이다.

직업상담사는 이렇게 내담자에게 지원 동기의 핵심 의도를 알려주고 그에 따라 작성이 되었는지 확인한다. 이때 아래의 '지원 동기' 스토리 라인 작성 구조(예시) 표를 함께 설명해 주면, 내담자가 작성 방향을 더 쉽게 이해할 수 있다.

구분	'지원 동기' 스토리 라인 작성 구조(예시)
STEP 1	기업 분석 내용과 그에 따른 자신의 기여점(기업 분석+적극적 동기) - ○○는 ○○를 위해 이러이러한 노력을 하고 있습니다. (기업이 지향하는바 이해) - 이런 가치를 본받아 ○○ 담당자로서 ○○를 만들어 내고 싶습니다. (자신의 방향성 연결)

STEP 2	주요 포인트에 대한 자기 생각과 목표 - ○○ 산업, 기업, 직무 환경이 앞으로 이렇게 될 거라고 생각합니다. 이를 실현시키기 위해 ○○○를 고도화하는 목표를 가지고 있습니다. (기업 미래, 산업 변화에 대한 자기 생각 및 목표 이야기)
STEP 3	주요 포인트에 대한 자신의 경험 - ○○ 서비스 경험을 통해 ○○에 대해 알게 되었습니다. 예를 들어 ○○에 대해 ○○를 할 수 있습니다. (흐름에 맞는 자기 경험 및 준비도 강조)
STEP 4	기업 및 직무에 기여하고 싶은 점(마무리) - 이러한 경험을 바탕으로 ○○사의 ○○ 부분에 기여하겠습니다.

○ 입사 후 포부

입사 후 포부는 주요 문항 중 유일하게 미래에 관한 내용을 쓰는 파트이다. 그렇기에 지원하는 기업과 직무에 대해 조사 없이 작성하게 되면 그저 열심히 하겠다는 뻔한 내용밖에 쓸 수가 없다. 이 부분을 상담할 때 필자가 제일 강조하는 것은 '현직자 인터뷰'를 해보라는 것이다. 자신이 미래에 꿈꾸는 일을 하고 있는 분들을 만나 업계 주요사항에 관해 물으면, 직무에 대한 이해도를 높이고 큰 방향성을 잡을 수 있게 된다. 그렇게 직무에 대한 인사이트를 많이 얻게 될수록 자신만의 입사 후 포부를 만들 수 있다.

입사 후 포부를 물어보는 의도는 무엇일까? 직무(기업)에 대한 이해도를 알고 싶은 것이다. 직무를 잘 알고 있는 사람은 현재를 넘어 미래의 계획도 구체적으로 작성할 수 있다. 그리고 단순히 ○○ 전문가가 되겠다는 표현이 아니라 구체적인 CDP(Career Development Plan)를 말할 수 있다. 따라서 입사 후 기업에 잘 적응하고 성장할 수 있는 인재로 평가받게 된다. 남들과 똑같은 비슷한 형식의 포부가 아닌 회사 직무에 준비된 인재로 어필할 수 있도록 안내하자. 이때 아래의 '입사 후 포부' 스토리 라인 작성 구조(예시) 표를 함께 설명해 주면, 내담자가 작성 방향을 더 쉽게 이해할 수 있다.

구분	'입사 후 포부' 스토리 라인 작성 구조(예시)
STEP 1	**기업에서 하고 싶은 꿈(최종적으로 되고 싶은 것) 및 목표** - ○○ 분야 ○○ 시스템을 고도화하여 효율성을 극대화시키고 싶습니다.
STEP 2-1 or STEP 2-2	**꿈과 목표를 이루기 위한 액션플랜** - 그것을 이루기 위해 첫째 어떻게 해보고 싶습니다. 둘째 이렇게 하겠습니다.
	직무에 대해 연차별 계획 - 직무에 대해 연차별(단계별) 계획은 이러합니다.
STEP 3	**한 번 더 이루고자 하는 꿈(목표)에 대해 기술(마무리)** - 이를 통해 ○○사의 경쟁력 강화에 기여하는 핵심 인재가 되겠습니다.

○ 직무 역량

직무 역량은 수시 채용이 활성화되면서 중요성이 커진 문항이다. 대부분 기업에서는 '직무 중심' 채용을 하고 있다. 이제 많은 기업에서 직무를 아는 것을 넘어 해본 사람을, 그리고 잘하는 사람을 채용하는 시대가 왔다. 그래서 직무 역량에 대해 제대로 보여주고 경력 같은 신입으로 보이도록 컨설팅하는 것이 필요하다.

직무 역량을 물어보는 의도는 당연히 직무 역량을 갖추고 있는지 확인하기 위함이다. 직무 관련 준비사항에 대해 전반적으로 확인하고 기업의 해당 직무에 적합한지를 구체적으로 검증한다. 더 나아가 해당 직무에 바로 투입될 수 있는 인재인지를 확인한다. 그렇기에 직무역량 문항에서 직무와 무관한 역량이 아닌 해당 직무에 필요한 역량을 갖춘 인재로 어필할 수 있도록 안내하자. 이때 아래의 '직무 역량' 스토리 라인 작성 구조(예시) 표를 함께 설명해 주면, 내담자가 작성 방향을 더 쉽게 이해할 수 있다

구분	'직무 역량' 스토리 라인 작성 구조(예시)
STEP 1	**핵심 역량 성의와 사신의 역량 관련 경험 제시** - ○○시의 ○○ 직무의 가장 중요한 역량을 ○○이라고 생각합니다. 역량 관련 ○○ 경험이 있었습니다.
STEP 2	**경험 관련 상황, 과제, 문제 설명** - 역량 관련 상황, 어떤 역할, 문제가 있었습니다. (상황 설명은 짧게 기술)
STEP 3	**구체적인 문제 해결을 위한 행동** - 해결하기 위해 노력한 것은 무엇이 있습니다. (세부적인 내용일수록 좋음)
STEP 4	**성과 및 기여 의지(마무리)** - ○○ 결괴를 만들었습니다. 경험을 바탕으로 ○○ 회사에 기여하고 싶습니다.

○ 성격의 장단점

성격의 장단점은 기업에서 오랫동안 주요 문항으로 출제되고 있다. 이 질문의 복석은 시원하는 직무의 특성과 지원지의 성격이 얼마나 잘 부합하는지 확인하기 위함이다. 시원 식무에 요구되는 성격과 일치할수록 일의 성과가 잘 나오고 오래 근무할 가능성이 높다. 그리고

회사 조직문화에 잘 적응할 수 있는 성격인지도 알아본다. 구성원 간에 잘 어울리고, 소통이 원활한 지원자는 채용 평가에서 유리하다. 또 단점 그 자체보다 자신이 어떤 노력으로 발전해 나가는지를 통해 성장 의지도 확인한다. 그렇기에 직무상 잘 맞는 장점을 작성하는 것이 유리하고, 단점 작성 시 현재 단점을 어떻게 보완하고 있는지 구체적인 사례와 함께 작성하도록 안내가 필요하다. 이때 아래의 '성격의 장단점' 스토리 라인 작성 구조(예시) 표를 함께 설명해 주면, 내담자가 작성 방향을 더 쉽게 이해할 수 있다.

구분	'성격의 장단점' 스토리 라인 작성 구조(예시)
STEP 1	성격의 장점 언급 - 저의 장점은 ○○○입니다.
STEP 2	장점 사례(장점을 보여줄 수 있는 경험) - ○○ 경험을 하면서 ○○ 문제를 저의 장점으로 해결한(성과) 경험이 있습니다.
STEP 3	단점과 단점으로 인한 문제 - 반면 ○○ 단점이 있습니다. 단점으로 간혹 ○○한 문제가 있었습니다.
STEP 4	극복 방법(마무리) - ○○한 방법을 사용하여 단점을 보완하고 있습니다.

지금까지 입사서류 컨설팅 방법에 대해 살펴보았다. 서류를 작성하는 방법에 대한 정답은 없지만, 채용의 본질은 있다. 바로 '직무 적합성'과 '조직 적합성'이다. 이 두 가지 기준에 부합하는 인재임을 효과적으로 보여줄 수 있도록 컨설팅한다면, 내담자의 합격 가능성을 높일 수 있다.

면접 합격률 높이는
유형별 준비 가이드

면접은 채용 과정의 마지막 단계이다. 서류 전형이 글로써 채용 담당자를 설득하는 것이라면 면접 전형은 말로써 자신이 조직과 직무에 적합한 인재임을 설득하는 자리다. 면접 컨설팅을 할 때 내담자에게 "면접을 앞두고 있다면 어떤 생각이 드느냐"고 먼저 묻는다. 그러면 대다수 내담자는 떨리고 긴장된다고 답한다. 떨리고 긴장되는 이유는 면접을 본 적이 없거나 면접 준비를 하지 않았기 때문이다. 기본적으로 사람은 경험해 보지 않은 것에 대해 두려움을 갖고 있다. 그렇기에 어렵게 느끼는 것은 당연하지만 반복적인 면접 준비를 통해 반드시 합격할 수 있다고 자신감을 심어주는 것이 중요하다.

면접을 처음 준비하는 내담자에게는 면접에 대한 기본 원리를 설명한다. '면접관은 면접을 통해 지원자의 본연의 모습을 파악하고 미래의 직장생활을 유추한다'라는 핵심 메시지를 이야기하며, 면접을 게임에 비유해서 설명해 주는 것이 좋다. 면접은 지원자가 해당 기업 직무에 가장 적합한 사람인지, 아닌지를 평가하는 게임이고, 지원자는 면접을 통해 해당 기업 직무에 가장 적합한 인재임을 설득하는 게임이라고 설명한다.

입사서류 작성할 때 사전 준비가 필요했던 것처럼, 면접에서도 미리 준비해야 할 3가지가 있다.

○ 면접 예상 질문 뽑기

면접을 보기 전 먼저 준비할 일은 예상 질문을 뽑아보는 것이다. 잡플래닛, 사람인, 잡코리아 등 채용 포털 사이트에서 지원 기업의 최근 면접 기출 질문을 확인할 수 있다. 또한 채용 공고에 나와 있는 담당 업무, 자격 조건, 우대사항 등을 자신의 경험과 매칭하면서 스스로 면접 질문을 예상해 볼 수 있다.

이러한 전통적인 방법 외에도, 최근에는 생성형 AI를 활용한 면접 준비가 확산되고 있다. 원티드 채용 포털의 'AI 면접 코칭' 서비스는 지원회사 채용 공고 링크만 입력하면 예상 질문을 자동으로 생성해 준다. 이외에도 ChatGPT 같은 생성형 AI를 사용하면 더욱 세밀한 맞춤형 준비가 가능하다. 지원 회사와 직무에 대한 상세한 프롬프트를 입력하여 맞춤형 면접 예상 질문을 받을 수 있으며, 이미 제출한 이력서나 자기소개서를 첨부하면 개인 맞춤형 면접 질문까지 생성할 수 있다.

내담자에게 이처럼 다양한 방법을 안내하여, 각자의 상황에 맞는 면접 준비를 할 수 있도록 도와주자.

○ 면접 스크립트 작성하기

면접 예상 질문을 뽑은 후, 해야 할 일은 면접 질문별 스크립트를 작성하는 것이다. 각 면접 질문의 의도를 파악하고, 실제 면접에서 말하는 방법으로 답변을 적어보는 것이다. 여기서 면접 스크립트를 작성하는 이유는 답변에 관해 사전에 생각해 보는 차원이지, 통째로 외워서 말하라는 것은 아니다. 그렇게 다 외워서 말하게 되면 로봇같이 부자연스럽게 보이고, 본연의 모습이 파악되지 않으니 오히려 좋은 결과가 나오지 않는다. 그리고 면접 고수들은 면접 답변에 대한 꼬리 질문까지 2~3개 연달아 답변 준비를 한다. 따라서 상담사가 내담자의 면접 답변 스크립트에 꼬리 질문을 포함하여 준비시키면 좋다.

○ 3가지 핵심 질문 고민하기

면접 예상 질문을 뽑고 스크립트를 작성했다면 핵심 질문을 고민해 보자. 면접에서 가장 중요한 것은 기업과 직무에 적합한 사람이라는 인상을 남기는 것이다. 그래서 청년 구직자에게 다음의 3가지 질문에 대한 답을 꼭 준비시켜야 한다. 첫 번째는 당신을 채용해야 하는 이유와 본인의 핵심 강점, 두 번째는 지원 동기와 회사에 기여할 방법, 세 번째는 입사 후 계획과 성과 개선안 제안이다. 이렇게 3가지 질문에 대하여 내담자가 심도 있게 준비하게 되면 인상 깊은 지원자가 될 수 있다.

○ 면접 유형별 준비 방법

이제 다양한 면접 유형을 소개하고 유형별 이해도를 높이기 위해 내담자에게 어떻게 컨설팅을 진행했는지 소개한다.

첫 번째 유형은 '인성 면접'이다. 주로 지원자의 가치관, 태도, 성장 가능성이 회사의 문화 및 장기적인 비전과 일치하는지를 확인하는 면접이다. 주로 임원·최종 면접에서 많이 다뤄지는 면접이고 정해진 답이 없는 질문이라 준비를 어려워하는 내담자가 많다. 그렇기에 먼저 인성 면접에서 어떤 질문이 나올지 예시를 주며 준비를 돕는다. 그리고 될 수 있으면 모의 면접을 권하는 편이다. 그렇게 가상으로 면접을 진행해 보면서 내담자가 조직 적합성 기준에 잘 맞는 인재인지를 피드백해 준다.

두 번째 유형은 '경험 면접'이다. 과거의 특정 상황에서 지원자가 어떻게 행동하고 어떤 결과를 냈는지를 구체적으로 묻는 면접이다. BEI(Behavioral Event Interview) 면접이라고도 알려진 경험 면접은 특히 공기업 면접 시 반드시 출제되는 면접 유형이다. 그렇기에 자신의 경험을 STAR 기법에 맞춰 사전에 정리하고, 자주 출제되는 소통 경험, 성공·실패 경험, 갈등 경험 등을 사전에 준비하도록 안내한다.

세 번째 유형은 'PT 면접'이다. 주어진 과제에 대해 발표자료를 만들어 제출하거나, 당일 제시된 주제에 대해 자신의 아이디어를 발표하는 면접이다. 보통 신입 지원자 같은 경우 당일 제시형으로 PT 면접이 시행된다. PT 주제가 대부분 업계 이슈 안에서 나오는 경우가 많으므로 사전에 학습이 필요하다. 그리고 짧은 시간에 발표 준비자료를 만들어야 한다. 그래서 작성 로직을 결론(20%)-문제점(20%)-원인(20%)-해결방안(40%) 등으로 미리 생각하고 면접에 참여할 수 있도록 컨설팅한다.

네 번째 유형은 '토론 면접'이다. 여러 지원자가 함께 특정 주제에 관해 토론(토의)하며 해결책을 찾아가는 과정을 평가하는 면접이다. 주로 찬반토론형과 토의형 과제가 주어지는데, 평가자는 개입하지 않고 토론을 관찰하며 지원자를 평가한다. 이 면접 유형은 사전에 주요 이슈를 주제로 선정해 스터디원들과 토론(토의) 연습해 보는 게 가장 효과가 크다. 상대방에 대해 적극적으로 경청하는 모습을 보이는 법, 감정적 반응은 자제하고 의견에 공감 표시한 후 본인 의견을 제시하는 법, 중간중간 진행 상황을 정리하고 토론 방향을 제시하는 법 등 스킬적인 부분을 알려주도록 한다.

다섯 번째 유형은 'AI 면접(AI 역량 검사)'이다. 최근 많은 기업에서 채용 프로세스 중 하나로 활용하고 있으며, 크게 성향 파악 검사, 전략게임, 영상 면접으로 구성되어 있다. 이 유형은 '잡아바' 사이트에서 무료로 이용할 수 있다. 가능하면 상담 전에 상담사가 먼저 경험해 보길 추천한다. 성향 파악 검사는 문장을 주고 자신의 성향에 대해 선택하는 검사이다. 솔직하고 일관성 있게 하면 된다. 가장 어려운 부분은 전략게임이다. 필자도 게임 설명을 2번 반복해서 듣고 나서야 게임을 풀 수 있었다. 전략게임의 핵심 포인트는 게임 유형을 익히는 것이다. 마지막으로 영상 면접은 실제 면접 연습과 다르지 않다. 자신의 경험이 정리되어 있다면 어렵지 않게 답변할 수 있다. 이렇게 5가지 주요 면접 유형에 대해 상담사가 알고 있다면 면접 컨설팅을 수월하게 진행할 수 있다.

마지막으로 효율적인 컨설팅을 위해 '출제가 많이 되는 면접 질문지'를 소개한다. 내담자에게 면접에 대한 자신감을 심어주고, 마지막 취업의 관문을 넘어가는 데 도움을 줄 수 있도록 적절히 활용해 보자.

출제가 많이 되는 면접 질문지

기본 질문	회사 관련 질문
(1) 1분 자기소개를 해보세요. (2) 지원 동기를 말씀해 주세요. (3) 입사 후 포부를 말씀해 주세요. (4) 입사를 위해 어떤 준비를 해왔나요? (5) 성격의 장단점을 말씀해 주세요. (6) 입사서류 관련 궁금한 질문(개별 질문) (7) 마지막으로 하고 싶은 말 있으세요?	(1) 왜 우리 회사에 지원했나요? (2) 우리 회사에 대해 아는 대로 말씀해 주세요. (3) 우리 회사의 인재상과 본인의 강점은 어떻게 연결되나요? (4) 우리 회사에 기여할 수 있는 것은 무엇인가요? (5) 우리 회사의 경쟁사는 어디라고 생각하나요? (6) 우리 회사의 가장 중요한 이슈는 무엇이라고 생각하나요? (7) 우리 회사에 오면 ESG를 어떻게 실천할 수 있나요?
직무 관련 질문	**경험 질문**
(1) 지원 직무에 대해 아는 대로 설명해 보세요. (2) 해당 직무를 선택한 이유는 무엇인가요? (3) 이 직무에서 가장 중요한 역량은 무엇이라고 생각하나요? (4) 지원 직무를 위해서 본인이 준비한 것은 무엇인가요? (5) 직무상 부족한 역량을 보완하기 위해 어떤 노력을 했나요? (6) 00 직무에서 구체적으로 어떤 업무를 맡고 싶으신가요? (7) 입사 후 도전하고 싶은 업무는 무엇인가요?	(1) 팀워크 경험을 말씀해 주세요. (2) 창의성을 발휘해 어려운 상황을 극복한 적이 있나요? (3) 리더십을 발휘한 경험을 말씀해 주세요. (4) 도전했던 경험에 대해 말씀해 주세요. (5) 가장 큰 성취감을 느꼈던 경험이나, 가장 열정적으로 했던 경험을 말씀해 주세요. (6) 예상치 못했던 문제가 발생했을 때 포기하지 않고 업무를 수행한 경험이 있나요? (7) 다른 팀원과 협업 과정에서 의견 충돌이 발생한 경우 어떻게 대처했나요?

상황 질문	인성 질문
(1) 상사가 부당한 일을 시킨다면 어떻게 하겠습니까?	(1) 자신을 한마디로 표현한다면?
(2) 중요한 개인 용무와 회사 업무가 겹친다면 어떻게 하겠습니까?	(2) 본인의 강점과 약점은 무엇인가요?
(3) 회사의 기본정책이 개인의 철학과 충돌한다면 어떻게 하겠습니까?	(3) 스트레스를 어떻게 관리하나요?
(4) 실수를 저질렀을 때 어떻게 대처할 것인가요?	(4) 당신의 가족이나 친구가 생각하는 당신은 어떤 사람인가요?
(5) 직무가 적성에 맞지 않는다는 것을 발견했을 때 어떻게 하겠습니까?	(5) 최근에 읽은 책이나 본 영화가 있나요?
(6) 상사의 비리를 목격한다면 어떻게 하겠습니까?	(6) 본인의 인생철학이나 좌우명은 무엇인가요?
(7) 지방으로 배치받으면 근무 가능한가요?	(7) 장기적인 목표는 무엇인가요?

▽
▽
▽

경력단절여성을 위한 상담, 지지와 격려

·· 1 ··
문 앞에선 그들에게

○ **이야기 하나**

"대학을 막 졸업하고 일반 회사에서 사무직으로 1~2년 정도 일했어요. 그런데 가만히 생각해 보니 대학 전공부터 딱히 전문성도 없는 것 같고 그래서 그런지 회사도 만족스럽지가 않더라고요. 그래서 대학원 진학을 결정했어요. 원래 역사교육을 전공했는데 임용고시는 어렵고 사립학교 교사라도 할 수 있지 않을까 해서 여기저기 일을 알아봤죠. 때마침 대학 동문회 사무실에서 행정 업무 아르바이트를 해보라는 제안이 왔어요. 일이 그렇게 어렵지도 않고 해서 등록금도 벌 겸 열심히 일했습니다. 그 일을 하다가 학교 직원인 남편을 만나 연애도 했고요. 그 바람에 대학원 졸업을 하고도 오랜 시간 일을 하게 됐어요. 그런데 결혼을 하고 아이를 낳고 이제는 뭔가 해야겠다 싶으니까 마흔이 다 되었네요. 지금이라도 정말 일을 좀 하고 싶은데 어디서부터 어떻게 뭘 시작해야 할지 모르겠어요."

사람들이 삶을 살아가는 방식은 다양하고 각자의 삶에는 저마다의 이야기가 담겨있지만, 어떤 단어 하나로 누군가의 삶을 규정해 버리는 경우가 있다. '경력단절여성', 삶을 살아가는 중요한 과정임에도 불구하고 삶을 중단한 것이 아니라 자기 몫의 인생을 충실히 살아가는 과정에 있는 여성들에게 붙여지는 조금은 유쾌하지 못한 딱지가 그러한 예이다. 부정적 의미를 포함하고 있다는 비판이 이어져 왔고 최근 국회 여성가족위원회 법안심사소위원회는 여성의 경제 활동 촉진과 「경력 단절 예방법 일부개정법률안」을 의결했다. (이 책에서는 사회적 인식과 의미의 명료화를 위해 '경력단절여성'을 사용하기로 한다.)

　'경력단절여성'을 '경력보유여성'으로 대체하는 내용이 포함되며 새로운 이름이 주어졌지만 여전히 어딘가 부자연스러운 이유는 무엇일까? 아마도 정체성에 대한 인식, 자발적 동기를 불러일으키기엔 힘이 없는 이름이기 때문은 아닐까? '경력단절여성', '경력보유여성'. 과연 이들은 스스로 어떠한 경력을 가지고 있다고 생각하며 이를 통해 어디서부터 사회적 경력의 문을 다시 열어야 하는 것일까? 닫힌 문 앞에 서 있는 그들에게는 무엇이 필요할까?

　처음 경험하는 일을 앞둔 사람은 본능적으로 위축되고 두려운 정서 상태에 놓이게 된다. 이는 자기 자신을 자책하거나 왜곡하거나 부정적 전망을 갖도록 하여 미래 동력을 잃은 상태로 만들기도 한다. 이러한 심리 상태는 때때로 자기방어로, 경계적 태도로 드러나며 상담의 첫 관문인 라포 형성에 어려움이 되기도 한다. 이때 그들에게 가장 필요한 것은 자신이 '손중'받고 있다고 느낄 수 있는 공감과 지지의 표현이다. 그동안 돌보지 못했던 자신의 삶에 대한 '경의'를 표하는 진심

어린 말들은 굳세게 닫힌 문 앞에서 위축되어 있는 그들에게 매우 중요하다.

"재취업에 관심이 있으셔도 대부분 어떻게 해야 하나 생각만 하고 마는데 이렇게 정보를 알아보시고 찾아보고 여기 오신 것만으로도 정보 능력이 있으신 거예요. 이런 재취업 교육 상담이 있다는 것도 모르는 분들도 많거든요."

"아직 아이들도 크고 있는데 지금 이 시점에서 다시 일을 하려고 생각하는 것 자체가 쉽지 않으셨을 거예요."

"나만 너무 뒤처진 것 아닌가 걱정 많이 하실 수도 있는데 그런 걱정은 하지 마세요. 사회생활이라는 것이 시작하면 가속도가 붙잖아요. 금방 적응하실 거예요. 여기서부터 시작하시면 됩니다. 이미 새로운 경력을 시작하신 거예요."

직업 상담이 일반적인 심리 상담과 다른 것은 그 사람의 내면적 문제뿐 아니라 그 사람의 사회적 배경과 삶 전반에 대한 이해를 바탕으로 내담자가 해결하고 싶어하는 문제들에 실질적 도움을 준다는 것이다. 그렇기 때문에 내담자에 대한 많은 정보와 해결 과제에 대해 명료한 대안을 제시해야 한다는 책임이 있다. 따라서 여러 가지 진단 검사나 탐색 도구를 사용하고 해석하는 과정에서 그들에게 정확한 정보를 제공하고 가이드할 수 있는 능력은 매우 중요하다. 그러나 자칫 관공서에서 서류를 작성하고 매뉴얼화 된 해결책을 제시받는 느낌을 받는다면 그러한 직업 상담은 실효성 없는 업무 처리의 차원이 되고 만다. 어디선가 했던 진단이 아닌 내담자가 스스로 살아온 과정을 통해 내면의 역동을 확인하고 삶의 경험을 정리하고 실마리를 발견할 수 있는 탐색 도구가 필요하다.

사비카스(Savickas)의 구성주의 진로 상담 이론(진로 적응 이론, Career Construction Theory)에 기반하여 개인 삶의 이야기를 통해 진로의 의미와 방향을 함께 구성해 가는 상담 접근법은 개인이 진로를 '발견하는 것(Discovery)'이 아니라, '구성하는 것(Construction)'이라고 보며, 이 과정을 돕기 위해 생애 주제나 정체성에 초점을 맞춘 인터뷰 도구로 생애 초상화(Life Design Interview)를 제안했다.

특히 내러티브(Narrative) 방식은 전통적인 검사-처방 중심 상담과 달리, 내담자의 삶의 이야기를 통해 진로의 의미와 방향을 함께 찾아가는 데 초점을 두어 그들이 자신의 이야기를 하며 스스로 통찰을 얻을 수 있고 심리적 지지를 받을 수 있는 바탕을 가지고 있다. 또한 내담자 스스로 진로 예측이 어려울 때 방향을 제시해 줄 수 있는 좋은 도구이다.

사비카스(Savickas)의 생애 초상화 인터뷰

1. 롤모델

– 내담자가 중요하게 여기는 가치, 이상적인 자아상을 파악하는 질문

"어렸을 때 존경했던 인물이나, '이 사람처럼 되고 싶다'고 생각한 사람이 있었어요? (실제 인물이든 가상의 인물이든 상관없습니다.) 그 사람의 어떤 점에 끌렸어요?"

2. 텔레비전, 영화, 책, 이야기
- 반복적으로 등장하는 정체성 서사(주제) 발견을 위한 질문
"드라마 좋아하세요? 요즘 어떤 드라마나 영화 책 그런 거 보세요? 과거든 요즘이든 좋아했던 이야기(드라마, 영화, 만화, 동화책 등)는 어떤 것들이었어요? 그중에서 어떤 장면이나 등장인물이 특히 인상 깊었어요?"

3. 관심사 또는 취미
- 현재의 에너지 흐름과 흥미의 방향 파악
"요즘 관심이 가는 일이나 활동이 있으세요? 취미든 평소 자주 하는 일이든 괜찮아요."

4. 좌우명이나 좋아하는 말
- 삶의 핵심 가치와 행동 지침 파악
"평소 좋아하는 명언, 좌우명, 인상 깊었던 말, 중요하다고 생각하는 인생 명언, 가치 같은 것이 있다면 알려주세요."

5. 초기 기억(Early Recollection)
- 개인의 핵심적인 정서 경험과 정체성의 씨앗 파악
"어릴 적 기억 중에서 특별히 떠오르는 장면이나 이야기 하나를 말씀해 주세요."

건조한 상담 도구, 체크 리스트 활용과 달리 인터뷰 형식의 상담은 그들의 오래된 이야기를 들을 수 있고 그로 인해 내담자에게 안정감을 주고, 자신의 시간들을 되돌아볼 수 있도록 할 것이다. 또한 이를 해석하는 과정에서 공감과 지지를 보내고 스스로 돌보지 않았던 부분들을 발견하게 하여 귀하게 의미를 부여해 주는 작업을 할 수 있다. 그

뿐 아니라 그들에게 미래지향적 시선을 열어주고 과거 자신의 긍정적 모습들을 객관적으로 인식하도록 안내할 수 있다는 점에서 상담 초기에 활용할 수 있는 효과적인 도구이다.

'경력 단절'이라는 무거운 딱지를 달고 방황할 때 무엇보다 중요한 것은 경제 활동을 해야 한다는 생각과 아무것도 가진 것이 없다는 딜레마 사이에서 길을 잃은 그들에게 심리적 안정감을 통해 자신을 수용하고 '지금 여기'에 집중할 수 있도록 이끄는 것이다. 또한 이를 해석하는 과정에서 공감과 지지를 보내고 내담자 스스로 가볍게 지나치거나 돌보지 않았던 부분들을 발견하게 하고 새로운 의미를 부여해 주는 작업을 할 수 있다. 이러한 과정을 통해 자신들의 작은 성취들을 현재화하고 취업의 자산으로 활용할 수 있도록 하는 것이 중요한 포인트가 될 것이다.

·· 2 ··
된 일을 할 것인가?
될 일을 할 것인가?

○ 이야기 둘

"경영학을 전공했는데 그러다 보니 자연스럽게 회사에서도 마케팅 홍보 그런 일들을 했어요. 운 좋게 외국 화장품 회사에서 근무했던 경력도 있어서 이직도 한두 번 하면서 그런대로 직장생활을 했는데 혼자 계신 엄마가 암으로 투병생활이 길어지시면서 책임지고 돌볼 사람이 있어야 해서 제가 회사를 그만두게 되었어요. 이후에 1~2년 투병생활 끝에 엄마가 돌아가셨어요. 저도 엄마를 돌보며 힘든 것도 있고 엄마가 돌아가시면서 정신적으로 충격이 좀 있더라고요. 그래서 재취업 생각을 바로 하지 못했는데 그사이 그렇게 몇 년 동안 기다리던 임신이 되었고요. 늦은 임신과 출산을 거치고 육아도 좀 적응이 되어 아이를 키우며 뭐라도 해봐야야 하는 참인데… 쉽지가 않네요. 풀타임으로 뭔가를 하기 어려워 자영업을 해볼까 싶기도 한데 자본도 없고 가장 중요한 건 제가 경험이 없더라고요. 경매 일을 배워볼까 싶기도

하고요. 수입이 괜찮다고 해서… 그런 것도 배울 수 있나요? 아니면 정리 수납이나 호텔 객실 관리사 같은 일은 정년도 없다는데… 그걸 배울까 싶기도 하고요. 하고 싶은 건 많아 다행이다 싶으면서도 정작 뭘 해야 할지 모르겠어요."

새롭게 일을 시작하려는 소위 경력단절여성들은 경제적 문제 해결뿐 아니라 진로 고민, 정체성의 위기 등 복합적인 어려움을 겪는다. 위 사례자도 비슷한 경우다. 경력 단절을 극복하고 새로운 일을 찾아 나서는 사람들을 상담할 때 이러한 고민을 동시에 해결해 주어야 하나는 부담을 마주하게 된다. 경력 단절이라는 말은 단어 자체가 가지는 부정적 영향이 매우 크다. 특정 대상을 그렇게 명명함으로써 '단절'되었다는 것을 기정사실화하기 때문이다. 일종의 꼬리표와 같다. 그래서 그러한 단어에 갇히지 않도록 할 수 있는 대안적 재정의는 매우 중요하다. 그들은 출산과 육아를 통해 새로운 경력을 쌓았으며 자기 인내를 통해 성숙의 시간을 가졌다. 다시 말해 그들의 경력은 단절되지 않았고, 가족과 자신을 재발견하는 시간 속에 성장의 기반을 마련하고 있다고 볼 수 있다. 그래서 '경력 보유'라는 단어가 탄생하게 되었겠지만 그 시간의 내용을 본다면 '경력 전환기'라 불리는 것이 마땅하지 않을까? 그들에게 '전환기'라는 기간이 갖는 긍정적 의미를 되새겨 줄 필요가 있지 않을까?

위의 사례는 자신의 전문성을 가지고 일한 경험이 있음에도 불구하고 공백기 이후 전혀 다른 일을 하고자 하는 것은 경력을 이어갈 기회에 대한 좌절감을 경험했기 때문이다. 좌절감을 바탕으로 선택하는 진로가 얼마나 동력을 얻을 수 있을지는 알 수 없기에 가지고 있는 강점과 선호하는 성향, 개발된 재능을 제대로 발휘할 수 있을지 냉정하게 생각해 볼 필요가 있다. 아무것도 할 수 없을 것 같은 위축감에 눌려 있는 사람들이라고 속단하기보다는 내면에 충분한 힘이 있지만 좌절감에 사로잡혀 그 힘을 쏟을 방향을 놓치고 있는 것은 아닌지 확인해야 한다. 자신이 원했던 일을 하지 못한 좌절감에 자신과 연관성 없는 일을 무턱대고 선택한다면 또 다른 좌절을 맛볼 수 있다. 현명한 선택을 위해서는 이들의 흥미와 선호, 관심사와 관련한 진단도 필요하지만 실현 가능성에 얽매이지 않는, 꿈꾸는 미래에 대한 지도를 그려 보고 장기적 안목을 통해 움직일 수 있는 힘을 발견하도록 안내할 필요가 있다.

자신이 사회생활을 통해 축적한 경험은 무엇이고 평소에 관심 있는 것들, 사회생활을 통해 확인된 역량과 맞닿아 있는 것들이 무엇인지 살펴보고 연결하고 집중하는 과정은 새로운 꿈을 꾸게 하는 좋은 촉매제가 될 수 있다. 현재에 갇혀 미래를 보는 눈을 잃어버린 그들에게 눈을 들어 멀리 보게 하고 숨통을 틔워주고 더 크게 숨을 쉬도록 해야 할 필요가 있다. 과거, 현재, 미래를 연결하여 내가 원하는 방향을 확인하도록 할 수 있다. 또한 비슷한 고민을 지닌 사람들과 집단 활동을 하는 것도 공감과 지지, 타인의 삶을 통해 배우는 통찰을 얻는 데 도움이 될 것이다. 일대일 상담을 통해 섬세하게 안내하고 과제를 부여하고 결과물로 함께 상담을 진행하는 형식이어도 무방하다.

흥미, 적성을 찾는 데 도움되는 예시 질문

항목	설명	예시 질문
나의 현재	현재의 나의 상태, 감정, 역할, 관심사 등	"지금 나는 어떤 모습인가요?" "요즘 나를 설명하는 단어는?"
나의 강점과 자원	내가 가진 능력, 성격, 주변 자원 등	"나는 어떤 점이 강점인가요?" "누구에게 도움을 받을 수 있나요?"
나의 가치와 중요하게 여기는 것	삶에서 중요한 신념, 원칙, 우선순위	"나는 어떤 삶을 살고 싶은가요?" "가장 소중하게 여기는 것은?"
나의 꿈과 목표	이루고 싶은 삶, 직업, 상태 등	"10년 후 나는 어디서, 어떤 모습일까요?" "꼭 이루고 싶은 것이 있다면?"
실현을 위한 계획	나아가기 위한 작은 실천, 목표, 습관 등	"꿈을 이루기 위해 무엇을 시작할 수 있을까요?" "앞으로 한 달간 무엇을 해볼까요?"
나에게 격려가 되는 말이나 이미지	동기부여가 되는 문장, 상징, 색, 사람 등	"나에게 용기를 주는 말은?" "나의 상징적인 동물, 색깔, 이미지는?"

집단 상담이나 개별 상담 시간에 구직자에게 자기 생각을 시각화하여 표현하도록 하면 자신의 길을 좀 더 선명하게 구체화할 수 있다. 표현 형식은 '나의 이름' 또는 '나의 별명'을 붙이고 영역을 나누어 가족, 일, 여가, 성장 등 자신에게 중요한 영역을 잡도록 하거나 자신의 장기적 계획을 잡고 현재로부터 해나갈 계획들을 짜도록 한다. 잡지나 사진 등을 이용하고 지관적 단어나 키워드 등으로 자신의 미래를 표현하고 나만의 상징을 이용하여 꾸미도록 인내한다. 그리고 결과물에 대해 설명하도록 하고 이 과정에서 어떤 부분에 마음을 두는지 세심하게 관찰하도록 한다. 신난이나 보물시도 작업을 통해 하고자 하는 일을 명료화하여 제시할 수는 없으나 어떠한 부분에 강조하는 순간이 있었는지 어떠한 역량이 드러나는지 해석하여 피드백함으로써 방향

을 제시할 수 있다.

자신의 경력을 이어가기 어렵다면, 자신의 경력과 무관한 분야에
뛰어드는 것보다 익숙하고 잘 아는 분야에서 연관된 직업을 찾는 것
이 유리하다. 자신이 잘 알고 이해하는 바탕 위에 일을 시작한다는 것
은 경제적 심리적으로 우위를 점할 수 있는 환경을 만드는 것이다. 그
러기에 하고 싶은 일, '될 일'보다는 '된 일'을 찾을 수 있도록 격려해
야 한다. 과거의 안 좋은 기억과 좌절감 때문에 급선회하여 일을 선택
하기보다는 자신이 쌓아온 역량과 연결성 있는 일들을 살펴볼 수 있
도록 도와주어야 한다. 위 사례의 경우 온라인 마케팅 관련, 블랜딩,
뷰티 관련 쇼핑몰이나 뷰티 관련 직무 등의 대안을 제시하여 그 일에
다가가는 방법을 함께 찾아야 한다. 상담자는 경력단절여성들의 이러
한 내적 고민을 이해하고 그들의 지나온 삶의 궤적을 관찰하여 내담
자의 탁월함을 발견하고 경력 단절의 시간에 의미를 부여하여 '경력
전환'의 기회로 안내해야 한다.

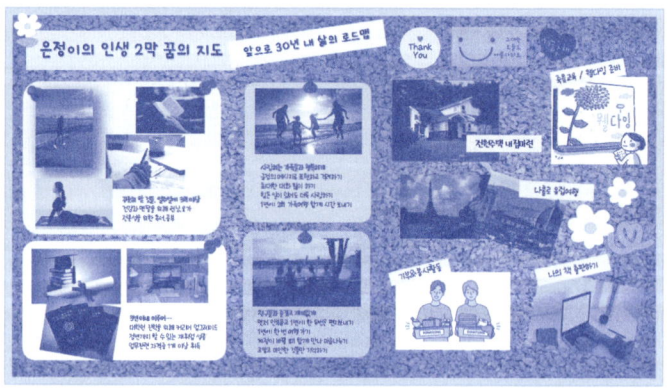

꿈의 지도 - 자신의 30년 후를 이미지로 표현하도록 한 결과물로 자신이 원하는 미래의 삶을
통해 현재의 방향성을 잡을 수 있는 대안이 될 수 있다.

.. **3** ..

일상의 변화,
정서적 자원으로

○ **이야기 셋**

"오래전에 직장을 다니다가 그만두고 결혼 이후 쭉 전업주부로 살았어요. 경력이 뭐가 있다고 하기도 어렵죠. 뭘 시작하든 완전 바닥부터 해야 하는 상황 같아요. 사실 전 무슨 일을 하겠다 고집하는 바가 없어서 뭐든 하고 싶은데 저 스스로 자꾸 위축되는 것이 가장 큰 어려움 같아요. 남편도 이제 와서 뭘 하겠다고 하느냐 그러고 아이들도 엄마 특별히 할 줄 아는 게 없는데 취업이 되겠냐고 자기가 취업하는 게 삐르겠다고 하면서 그냥 있으라 하고… 걱정되어서 하는 말이겠거니 이해하면서도 자꾸만 저 스스로 부정적 생각을 하게 되고 위축만 되네요. 경제 활동을 해서 보탬이 되어야겠다는 생각도 들지만 정말 중요한 건 제가 일을 하고 싶다는 것인데 정작 스스로에 대한 확신과 자신이 없다는 거예요. 하고 싶으면서도 뭘 하면 안 될 거라는 생각부터 하게 돼요."

4장 | 경력단절여성을 위한 상담, 지지와 격려

사람에게 '일의 의미'는 경제적 가치를 획득하는 것 이상의 의미를 지닌다. '일'은 세상과 소통하는 통로의 역할을 하기도 하고 누군가에게는 전문성을 통한 자아실현과 성취의 의미이고 또 누군가에게는 자아정체성 발견의 지점이 되기도 한다. 이처럼 일의 의미는 모두가 다를지라도 일을 하고자 하는 욕구는 누구에게나 존재한다. 그런데 사회 활동의 경험이 있음에도 환경의 이유로 일을 그만두었다가 다시 일을 하고자 할 때 가장 중요한 것은 정서적 자원이다.

경력단절여성은 상담자가 보내는 공감과 지지에서 정서적 자원을 얻을 수도 있고 주변 지인과 가족들이 보내는 공감에서 큰 힘을 얻기도 한다. 그러나 가장 파워풀한 정서적 자원은 자신이 스스로에게 보내는 열렬한 응원과 지지로부터 비롯된다. 이러한 내적 역동을 위한 모든 활동을 '셀프 리더십'이라고도 하고 '자기주도적 태도'나 '자기관리'라는 말들로 정리하기도 한다. 그러나 경력단절여성들에게 가장 필요한 의미를 담을 수 있는 말은 '회복탄력성(Resilience)'이다. '수동적이고 무기력했던 자신의 일상에서 벗어나 탄력을 가진 자신으로서의 회복'을 지향한다는 의미에서 적합한 단어라고 판단된다.

회복탄력성은 널리 알려진 개념이고 다양한 영역에 도입되고 있으며 관련 도서와 강의들이 넘쳐난다. 그러나 이것을 자기 삶의 원동력으로 활용하기까지는 부단한 노력이 필요하다. 이는 책을 읽고 강의를 들어서 얻을 수 있는 것이 아니라 일상 속에서 작은 활동의 지속적 실천을 통해 삶을 바꾸어 나아갈 때 정서적 자원으로 자리 잡을 수 있기 때문이다.

《회복탄력성》의 저자 김주환 교수는 회복탄력성의 구성 요소를 자기조절력, 대인관계력, 긍정성으로 정의한다. 그리고 가장 기본인 긍정성의 습관을 통해 자기조절력과 대인관계력의 성장과 확장이 가능하다고 말한다.

실패에 대한 두려움, 어떠한 것도 결정하지 못하는 위축감, 자신에 대한 부정적 인식이 있는 이들에게는 정서적 회복과 정서적 탄력이 매우 중요하다. 이것이 바탕이 되었을 때 재취업 상담은 진가를 발휘할 수 있다. 상담 기간을 통해 경력단절여성에게 회복탄력성을 기를 수 있는 일상 트레이닝을 제안할 필요가 있다.

회복탄력성의 구성 요소별 일상 트레이닝 실천 제안

주요 주제	주요 주제	일상 트레이닝
자기조절력	• 나의 감정 알아차리기 • 나의 욕구 이해하고 공감하기	- 오늘 하루 마음에 남아있는 감정 인식 - 감정 아래 숨어있는 나의 욕구 알아차리기 - '나는 왜 그 감정이 들었을까?' 생각해 보고 나를 이해하고 공감하기
	• 부정적 감정 다루기	- 나를 행복하게 했던 오감의 경험을 떠올리기 예) 시각, 촉각, 미각, 후각, 청각 자극: 좋았던 기억의 감각을 다시 경험하기
	• 감정 비워내기	- 마음속에 들려오는 목소리와 떠오르는 생각들이 멈출 때까지 백지 위에 연필로 쉼 없이 쓰는 작업을 통해 쏟아내고 정화하기
대인관계력	• 관계에 이해가 필요한 사람이 되어보는 상상력을 발휘해 보기	- 내가 그 사람이 되어 그 사람이 입장에서 이해한 내용들을 정리해 보기
	• 미움을 표현히기	- 고맙고 미안한 사람들에게 또렷한 메시지로 마음을 표현하기 & 격려하기
긍정성	• 이유 없는 친절 베풀기	- 하루 3회 이유 없이 타인에게 친절한 행동과 배려를 실천하기 예) 문을 잡아주거나 먼저 인사를 하거나 선행

	• 감사일기, 칭찬일기 작성	- 하루에 감사한 것 3가지 작성(부정적 상황에서도 감사를 발견하기) - 오늘 나 스스로 칭찬할 것 3가지 작성하기
	• 긍정의 말 표현하기	- 부정적 상황에서도 긍정을 발견하여 말하기 - 유머스럽게 표현하기

오랜 시간 위축되어 있던 사람이 격랑의 사회생활을 위해 용기의 문을 열고 그 속에서 자신의 진로와 일을 찾아 떠나는 것은 실력과 자격증만으로 시작할 수 없다.

경력단절여성은 가정과 주변에서 정서적 지원을 충분히 받지 못하는 경우가 많다. 일을 하고 싶지만 단절된 시간의 길이 만큼 위축되고 움츠러들기 마련이다. 자신감을 가지고 재취업에 뛰어들기까지 여러 번 마음의 허들을 넘어야 한다. 이때 정서적 지지와 고민을 들어주고 함께 생각하는 동반자가 꼭 필요하다. 상담사의 역할이 단순한 직업 정보 제공자를 넘어 지지와 응원의 영역으로 확대될 때 그들은 용기를 내어 새로운 여정에 나설 수 있다.

새롭게 시작될 그 여정에 스스로의 힘을 기르고 자신을 격려하고 세워갈 수 있는 일상이 바탕이 되어야 한다. 이를 위해 짧게는 한 달 이상, 길게는 3~4개월, 위에 제시한 회복탄력성의 일상 트레이닝을 지속할 수 있도록 상담자가 안내해야 한다. 회복탄력성의 진정한 동력은 일상에서 지속적 실천을 통해 길러진 힘이 있을 때 사용할 수 있으며 그 힘은 그들을 회복된 자존감 위에 세우고 더욱 적극적 태도로 나아갈 수 있도록 도울 것이다.

·· 4 ··
재취업의 문,
열쇠를 준비하라

◦ 이야기 넷

"몇 년 전부터 재취업을 좀 해보려고 이것저것 시험 봐서 사무자동화 관련 자격증도 따고 잠깐씩 관공서 같은 곳에서 아르바이트도 하고 그때그때 사회 활동 할 수 있는 것들을 했거든요. 취업을 당장 해도 일은 할 수 있을 것 같아서 여기저기 좀 취업서류를 내고 그랬어요. 사회생활 경험도 좀 있고 그래서 기대를 했어요. 그런데 서류가 되면 면접이 안 되고 어디는 서류도 되지 않고 그러더라고요. 나이가 많으면 그때시 그런가 할 텐데, 경력을 그게 필요로 하는 일도 아닌데 안 되더라고요. 제 나이가 40대 초반이면 아주 어리진 않지만 그렇게 재취업하기 어려운 나이는 아니라고 하던데… 이유가 뭔지 모르겠어요."

경력단절여성들은 재취업에서 경쟁력을 갖추기 위해 많은 것들을 준비해야 한다고 믿고 실제로 재취업을 위해 꽤 많은 수고를 마다

하지 않는다. 그 준비 과정의 면면을 들여다보면 감동까지 받는 경우도 종종 있다. 그러나 재취업의 핵심은 다양한 경험이나 자격증이 아니다. 구인 업체는 다양한 것들에 대한 노력을 보고자 하는 것이 아니라 그 일에 필요한 사람을 단번에 채용하고자 하는 것이다. 이를테면 '그 일을 할 수 있는가, 경력자(또는 조직생활의 경험자)의 장점이 있는가?' 하는 것이 중요하다. 이것을 구체화하여 질문한다면 이렇게 질문할 수 있다. 첫째, 그 일(직무)에 대해 얼마나 높은 이해도를 가지고 있고 실행 능력의 수준은 어떠한가? 둘째, 경험이 없더라도 얼마나 빨리 학습하여 역량화를 할 수 있는가? 셋째, 조직문화, 대인관계 적응력은 어떠한가?

재취업을 준비한다는 것은 경력을 이어가기 어렵다는 의미를 이미 내포하고 있다. 다시 말해 경력과 상관없는, 처음부터 새로운 일을 할 수도 있다는 것이다. 그러기 위해서는 내가 했던 일과 연계를 하든, 전혀 다른 일을 하든 가장 먼저 직무 분야를 명료화하는 것이 매우 중요하다. 어떤 회사라고 정하는 것까지는 아니더라도 어느 직종, 어떤 직무에 도전하겠다는 것은 정하고 준비를 시작해야 준비 과정이 좀 더 수월하다. 그러기 위해서는 심층 상담을 통해 어떤 흥미와 재능, 경험이 있는지 스스로 발견하지 못한 부분들을 상담자의 통찰력으로 발견해 주는 것이 매우 중요하고 함께 탐색의 과정을 통해 내담자가 스스로 확신을 갖도록 하는 물리적 시간은 꼭 필요하다.

일하고자 도전할 직종이나 직무가 정해졌다면 직업정보를 탐색하도록 안내하고 스스로 구체적 정보들을 선별할 수 있도록 기준을 제시한다. 또한 필요한 정보 탐색과 질문 등을 통해 관심 있는 직무에 대한 공통된 맥락을 발견하도록 돕는 것이 매우 중요하다. 그리고 이를 통해 필요한 핵심 역량과 준비할 것이 무엇인지 확인해야 한다. 이 과정을 충실히 경험했을 때 필요한 자격증과 경험, 핵심 역량을 도출할 수 있고 괜한 헛수고를 하지 않을 수 있다.

재취업 과정에서 역량을 보여준다는 것은 신입 채용보다 더욱 어려운 부분이 있다. 그러나 이것은 관련 경험이나 개인적 서사가 직무와 무관하지 않음을 설명하는 것으로 역량을 가늠할 수 있게 하는 것이 중요한 포인트이다. 예를 들어, '노인돌봄생활지원사'에 취업을 원할 경우, 자격증 외에는 일 경험도 없고 나이가 젊은 부분이 오히려 신뢰감 부족의 인상을 줄 수 있다면 자기소개서나 면접을 통해 자신이 노인을 경험하거나 개인적 돌봄의 경험이 있었다거나 성격적으로 그러한 직무 수행이 잘 맞는 이유를 설명하거나 서비스업 근무 경력이 있어서 소비자의 요구를 빠르게 파악할 수 있다거나 하는 연결 가능한 부분을 어필할 수 있도록 안내해야 한다.

마지막으로 중요한 부분이 조직에 적응하는 대인관계력이다. 어느 정도 나이가 있는 재취업자, 특히 여성들이 많은 직종으로의 재취업은 이 부분을 매우 중요하게 살펴본다. 소위 말하는 텃세나 관계의 문을 쉽게 열어주지 않는 분위기가 있는 주체들이 은근히 존재하고 그로 인해 낳은 소식 갈등과 관계적 어려움이 업무 성과에 영향을 미치기 때문이다. 이를 위해서는 개인의 성격 차이가 있겠지만 그것을 뛰어넘을 수 있는 유연성이 꼭 필요하다. 내가 맞다는 생각을 버리고 내가 틀릴 수도 있다는 생각, 작은 것들부터 묻고 배우겠다는 낮은 자세, 긍정적 인상과 태도를 바탕으로 하는 언행이 자신의 매력을 어필하는 만고불변의 진리임을 가슴에 새기도록 상담자는 적절한 안내를 해야 한다.

매력적인 사람으로 보이는 방법이 어디 그뿐인가! 깔끔하게 정돈된 외모와 밝은 얼굴과 친절함에서 나오는 매력은 그 어느 직종 및 직무에서도 가장 높은 점수를 받을 수 있는 포인트가 된다.

'무엇이든 다 할 수 있는 경험과 자격이 있다', '무엇이든 시켜주면 다할 수 있다'는 태도는 오히려 내세울 것 없는 사람의 과도한 열정으로 보일 수 있다. 내담자가 공들인 부분을 집중 어필하는 전략이 필요하다. 재취업의 핵심은 다양한 경험이나 자격증이 아니라 해당 직무에 대한 정확한 이해와 준비다. 재취업의 문을 여는 열쇠가 필요하다. 이 열쇠 저 열쇠가 아닌, 단 하나, 나만의 그 열쇠! 그 열쇠를 찾아서 문을 열고 들어갈 수 있도록 상담자는 아낌없는 후원자가 되어야 한다.

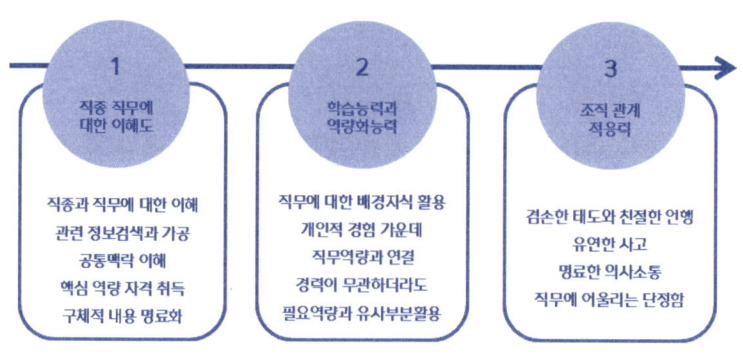

재취업 성공적 준비 전략 핵심 프로세스

·· **5** ··

극복할 수 없다면···
거기에서 시작

○ 이야기 다섯

"우리나라 여성들이 다 그렇지 않나요? 임신 출산하고 육아할 때 누가 육아를 해주지 않으면 일을 그만둘 수밖에 없잖아요. 저도 그랬죠. 뭐···. 아이 조금만 키우면 다시 일할 생각이었는데 육아가 끝나가나 싶으면 초등학교, 중학교에 한창 공부해야 하는 고등학교까지. 여태 못했는데 굳이 아이 공부할 때 뭘 하나 싶어 주저앉게 되고, 대학 보내고 나온 게 지금이에요. 제가 아무리 대학을 나왔으면 뭐 누가 알아주니요? 할 수 있는 일이 없는데··· 뭔가를 배우면 나을까 싶긴 한데 그래도 나 나이 어린 사람이 먼저더라고요. 지난번 화장품 상품 포장하는 일도 저보다 어린 친구는 됐는데 저는 그것도 안 됐어요."

우리 사회에서 '나이'라는 것은 여러 가지 의미가 있다. 때로는 권위를 상징하기도 하고 경륜과 지혜의 상징이 되기도 하고 전문성과 탁

월함의 경지를 의미하기도 한다. 그 반면 고루함과 경직된 사고의 상징, 사회적 가치의 소멸, 불통과 꼰대, 라떼의 아이콘으로 인식되는 것도 사실이다. 이러한 복잡한 의미를 내포하는 '나이'는 재취업에서, 여성에겐 어떤 의미로 작용하는 것인가?

안타깝게도 재취업뿐 아니라 취업에서도 조직에서도 '나이'라는 것은 극복 불가의 핸디캡으로 인식되고 있다. 재취업에 도전하는 여성 가운데에는 나이 때문에 재취업이 어려운 사람들이 있는 것도 사실이고 재취업 실패 원인을 알 수 없을 때는 나이 탓으로 상황을 이해하는 것이 흔히 있는 일이다. 재취업에 실패한 억울함과 안타까움을 아무도 속 시원하게 말해주지 않으니 가장 그럴듯한 이유는 '나이'가 되곤 한다. 그렇다면 나이 든 여성은 재취업을 포기해야 할까? 아니면 다른 방법이 있을까?

결론부터 말하자면 재취업을 위해 내가 바꿀 수 있는 것과 바꿀 수 없는 것을 구별해야 한다. 그런 의미에서 본다면 나이는 내가 바꿀 수 없는 영역이고 나의 생각이나 노력, 행동 등은 바꿀 수 있는 영역에 속한다. 그러므로 바꿀 수 없는 영역으로 인해 바꿀 수 있는 나의 좋은 기회들을 놓치지 않도록 해야 한다.

나이가 조금이라도 어린 사람을 채용하고자 하는 것은 구인 업체의 당연한 입장이다. 이를 탓하거나 원망하고 좌절한다고 바뀌는 것은 없다. 다만 있는 사실을 수용하고 거기서 시작할 수 있도록 내담자의 사고 전환을 도와야 한다. 주어진 사실을 받아들이고 긍정적으로 수용하여 바꿀 수 있는 것에 집중하면 자신의 취약점을 덮는 효과를 만들어 낼 수 있다. 이른바 진로 장벽의 극복인 것이다. 사람들은 성별과 나이에 따라 진로 장벽을 더욱 높게 지각하는 경향이 있다(Raque-Bogdan, Klingaman, Martin & Lucas, 2012).

진로 장벽을 극복하기 위해서는 '나이'와 생애 변화에 대한 인식을 바꾸는 것이 선행되어야 하는데 클랜턴과 덕스(Cranton & Dirkx, 2006)가 말한 생애 변화의 과정을 나의 정체성을 찾아가는 총체적 이해 과정으로써 '개성화' 과정으로 이해하는 것도 좋을 것이다. 이를 위해 "제가 나이가 많아서, 제가 집에만 있어서…"와 같은 말을 사용하지 않도록 안내하자. 입을 통해 내뱉는 말들이 다시 귀로 들려 인식될 때 그 각인 효과가 상당하다. 생각은 할지언정 입밖에 내뱉어 자신의 나이 듦을 말하지 않도록 내담자에게 주의를 환기할 필요가 있다.

나이를 바꿀 수는 없지만 나의 생각과 그에 따른 나의 행동은 얼마든지 달라질 수 있다. 이는 단순히 외모를 어려 보이도록 관리해야 한다는 것이 아니라, 외부 환경에 대한 대처를 달리해야 한다는 의미이고 평소에 이러한 연습이 몸에 배어있어야 한다는 미이다. 이에 대한 몇 가지 대표적 예를 들면 다음과 같다.

첫째, 잘 모르는 것이 있으면 바로 배워 습득하려고 애쓰고 시도하는 노력을 게을리하지 않아야 한다. 잘하고 못하고는 숙련도의 차이일 뿐이다. 나이가 든었다고 새로움을 거부하는 것이 습관화되지 않도록 해야 한다. 그래서 상담자는 내담자에게 이 부분을 중요하게 인식하도록 돕는 것이 필요하고 가장 좋은 부분은 디지털 문해력을 성상시기도록 돕는 것이다.

둘째, 트렌드에 대해 관심을 가지고 늘 체감하는 수용적 태도가 필요하다. 어디서 누구를 만나든 스몰토크를 통해 관계의 물꼬를 튼다.

상대의 연령대와 분위기 관심사를 고려한 이야기를 나누기 위해서는 생활 속 다양한 배경지식, 트렌디한 소식을 알고 있어야 한다. 또 나이를 짐작하며 느낀 선입견과 달리 자신과 이야기가 통한다고 느꼈을 때 사람들은 더욱 높은 친밀감과 호감을 갖게 된다.

셋째, 나이가 들수록 입은 닫고 지갑만 열라는 말을 기억하라. 어느 방송에서 우스갯소리로 나와 한동안 유행했던 말이긴 하지만 이는 살아가며 절실히 느끼게 되는 '어른 됨'의 기본이라 할 수 있다. 말이 많다는 것은 타인을 구경꾼으로 만들기 쉽고 자신이 주인공이라는 착각을 하도록 한다. 또한 바라는 것들을 말하게 되는데 그것은 소위 꼰대들이나 하는 것이니 굳이 그것을 입 밖으로 낼 필요는 없다. 정말 말이 하고 싶거든 잘 모르는 것을 겸손하게 묻고 최선을 다해 경청하라. 그리고 덕분에 배웠음을 고마워하며 커피 한잔을 사는 너그러움이 필요한 것이다. 이럴 때 함께 일하고 싶고 함께 있으면 즐거운 사람이 되는 것이다. 이처럼 개선 가능한 부분에 집중하면 경험이 시너지가 되어 약점을 강점으로 만들 수 있다.

진로 장벽에는 극복할 수 있는 것과 극복할 수 없는 것이 있다. 재취업이 되지 않는 이유를 극복할 수 없는 것들에게서 찾는 한 결코 새로운 길은 열리지 않는다. 극복할 수 있는 것에 집중하여 적절한 준비와 훈련을 한다면 충분히 재취업이 가능하다는 것을 내담자에게 알려주자.

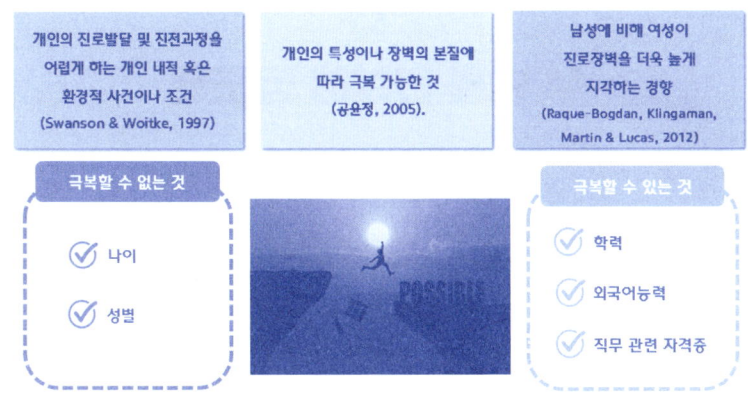

개인의 진로발달 및 진전과정을
어렵게 하는 개인 내적 혹은
환경적 사건이나 조건
(Swanson & Woitke, 1997)

개인의 특성이나 장벽의 본질에
따라 극복 가능한 것
(공윤정, 2005).

남성에 비해 여성이
진로장벽을 더욱 높게
지각하는 경향
(Raque-Bogdan, Klingaman,
Martin & Lucas, 2012)

극복할 수 없는 것

✓ 나이

✓ 성별

POSSIBLE

극복할 수 있는 것

✓ 학력

✓ 외국어능력

✓ 직무 관련 자격증

진로 장벽의 이해

출처: 서울광역여성새로일하기센터 - 여성 이·전직 경력 전환 프로그램 교육자료

·· 6 ··
두 발을 현실에 딛도록

○ 이야기 여섯

"사회생활을 하려면 뭔가를 배워야 한다는 생각에 일단 평생교육원이나 온라인 학점은행제 통해서 한동안 뭘 배웠는데 이게 배우고 자격을 가지면 그뿐이고 뭘 지원을 해주지는 않더라고요. 제가 다 알아봐야 하고… 그게 너무 어려웠어요. 그리고 자격증이 다 같은 게 아니라서 민간자격증은 또 딱히 의미는 없더라고요. 누가 알려줘서 여성새로일하기센터에 가봤는데 거기도 취미로 뭔가 배우는 반들이 있고 취업 준비를 하는 반은 있지만 어떻게 지원을 하는지 모르니까 늦어서 시기도 맞지 않고 그래서 좀 고민하던 시간이 많았어요. 자꾸 뭘 배우고 수료증 가져가니까 아이들이 저보고 수료증 콜렉터라고 하더라고요. 이게 맞나 싶어요."

재취업을 희망하는 경력단절여성들에게는 정서적 지지, 공감, 자존감 회복도 중요하지만 초기 단계에서는 환경적 정보에 대한 부분이 매우 중요하다. 주로 정보를 얻는 창구가 옆집 엄마, 아는 언니, 직장에 다니지 않는 친구들에 한정되다 보니 부정확한 정보를 통해 선불리 판단하는 경우도 많다. 따라서 상담자는 국가에서 지원하고 있는 기본적 정책과 방향은 무엇이고 그 가운데 당신에게 해당하는 것이 무엇이며 상담사로서 추천할 수 있는 것은 '이것'이라는 분명한 정보를 전달하는 것이 필요하다. 내담자의 마음은 급하고 상담자는 현실적 성과를 위해 정보를 선택적으로 보게 되는 것이 어쩔 수 없는 환경이라 하더라도 재취업이 최대한 의미 있는 선택이 될 수 있도록 안내해야 한다.

재취업을 위한 여러 가지 준비 단계가 필요하나 결국엔 도전하고 실행하는 단계가 남게 된다. 여기서 중요한 것은 도전을 통해 학습할 수 있다는 것이다. 서류 작성을 통해 자신의 취약점을 확인하고 면접을 통해 중요한 것이 무엇이라는 것을 확인하고 불합격의 경험을 통해 다시 도전해야 하는 이유가 절실해지도록 격려해야 한다. 또한 나이가 많아 불리하다는 이유로 좌절하기보다는 욕심을 버리고 오랫동안 할 수 있는 일들로 눈을 돌려 일에 대한 현실감을 기를 수 있도록 안내하는 것이 무엇보다 중요하다.

2023년 서울시여성가족정책 통계자료를 보면, 진로 단절 기간이 5년 이상 10년 미만의 여성이 85%가 넘고 10년 이상도 82%를 넘는다. 그 가운데 재취업을 생각할 때 직종이나 직무를 미결정한 비율이 84%를 넘는다. 또한 구직 활동의 방식을 조사한 내용에서는 주로 탐색이나 학습 관련 방식의 구직 활동을 한 비율이 비교적 높았다. 이러한 결과들은 실행하는 재취업 준비 활동이라기보다는 막연히 마음에 드는 재취업을 위한 준비를 이유로 탐색하거나 뭔가를 배우느라 시간을 보내는 경우가 많다는 것을 의미한다. 이는 구직 활동을 하지만 지원하고 일을 해보는 결정적 단계가 미뤄지고 있음을 시사하기도 한다. 두려움을 걷어내고 행동하는 용기, 도전을 시작하는 것이 큰 자산임을 격려할 필요가 있다.

각자의 환경과 재취업에 대한 욕구와 조건은 다르지만 일하고자 하는 간절한 마음은 누구나 같을 것이다. 내담자들의 마음을 헤아리는 것은 중요하나 일할 수 있는 사회인이 되기 위한 조언들을 아끼지 않고 스스로 자신을 유연하게 만들 수 있도록 끊임없는 질문과 통찰을 주어야 한다. 그러기 위해서는 현실에 발을 딛고 일어설 수 있도록 객관적인 정보와 명료한 피드백으로 그들을 뒷받침해야 한다.

한 번의 실패로도 쉽게 움츠러들고 마는 것이 경력단절여성의 현실적 상황이다. 어렵게 사회에 발을 내디뎠으나 아무도 맞아주지 않는다면 다시 도전할 용기는 사라지고 주저앉게 되고 만다. 이럴 때 상담자가 다시 일어나 도전할 수 있도록 마음을 자극하고 의욕을 불어넣어 준다면 그들은 어려운 고비를 잘 넘기고 현실에 발을 붙이고 한 걸음씩 앞으로 나아갈 수 있을 것이다.

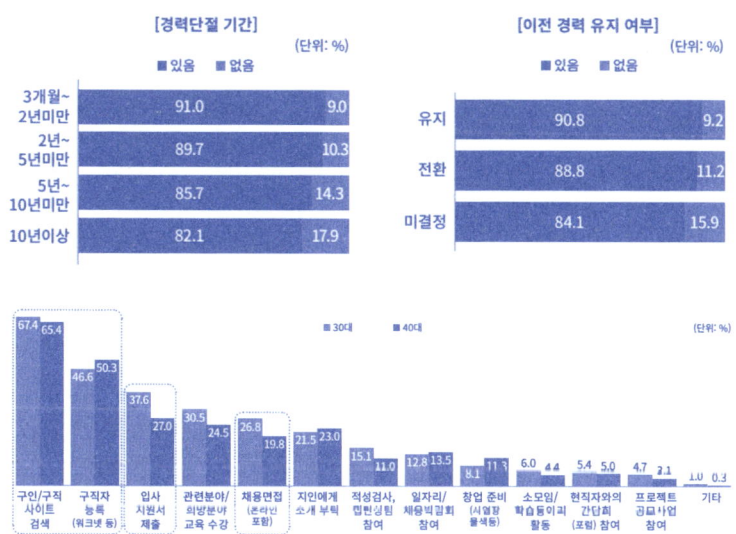

30~40대 여성의 경력 단절 기간 및 구직 활동 종류

출처: 서울시여성가족정책리뷰(2023), 국미애.
『30~40대 경력단절여성의 구직 활동현황과 지원과제』p.3

▽
▽ ▽
▽

진단 도구를
활용한
상담 가이드

직업학에서 본
진단의 의미와 상담적 활용

직업상담사로 일하거나 관련 실무를 수행하는 이들에게 가장 큰 어려움 중 하나는 진단 도구의 부재, 또는 진단 결과를 해석하고 상담에 연결할 수 있는 체계적인 기준과 멘토의 부재이다.

실제로 많은 상담자가 진단 검사 없이 자신의 경험에 의존하여 상담을 시작하거나, 검사를 사용하더라도 결과 수치만 간단히 확인하고 그 의미를 충분히 해석하지 못한 채 상담을 이어가는 경우를 종종 보게 된다. 상담 현장에서 진단은 형식적인 절차나 행정적인 보고 자료로 소모되곤 한다. 상담의 출발점이 되어야 할 진단이 '기준'이 아니라 '부담'으로 여겨지는 현실은 상담자의 성장을 제약하고, 내담자의 변화 가능성 또한 제한할 수 있다.

◦ 진단은 왜 필요한가

상담에서 진단은 단순히 어떤 '검사'를 의미하는 것이 아니다. 진단은 내담자의 삶을 이해하고, 변화를 위한 방향을 설정하는 첫 번째 과정이다. 특히 직업 상담에서는 진단이 자기이해와 환경 탐색을 가능케 하며, 이는 직업학에서 강조하는 핵심 요소이기도 하다.

직업학은 인간의 진로를 '정체성의 형성 과정'으로 본다. 진단은 단순한 점수 산출이 아닌 내담자가 '나는 누구인가', '내가 일과 삶에서 중요하게 여기는 것은 무엇인가'를 성찰하게 하는 계기가 된다. 따라서 진단은 내담자의 삶의 방향성과 정체성을 재구성하는 과정에서 필수적인 출발점이 된다.

오늘날의 직업 세계는 빠르게 변화하고 있으며, 불확실성과 예측 불가능성이 개인의 진로 결정에 큰 영향을 미친다. '좋은 직업'이나 '안정된 진로'라는 개념이 더 이상 고정되지 않는 사회에서, 내담자는 스스로의 경력 역량, 적응성, 가치관, 동기 수준 등을 구체적으로 인식하고 점검해야만 새로운 방향을 설정할 수 있다. 이때 진단은 다음과 같은 현실적 기능을 수행한다.

첫째, 현재 상태를 객관적으로 인식하게 한다. 주관적인 감정이나 막연한 불안에 머무르지 않고, 구체적인 수치와 데이터를 통해 스스로를 바라볼 수 있도록 돕는다.

둘째, 면회에 필요한 심리·사회적 자원을 파악할 수 있다. 예를 들어, 경력 적응성 검사는 경력 전환기에 필요한 관심, 통제, 호기심, 자신감 등의 핵심 요소를 점검할 수 있게 한다.

셋째, 개입의 우선순위를 설정할 수 있다. 점수가 낮게 나타난 영역을 중심으로 무엇을 먼저 다루어야 할지 상담자가 전략을 수립할 수 있다.

진단은 내담자가 단순히 감정에 따라 결정하거나 상담자가 직관에 따라 개입하기보다는, 근거 있는 판단과 실행 전략을 마련하는 기초 자료가 된다. 진단이 상담을 딱딱하게 만들거나, 내담자와의 관계 형성에 방해될 수 있다고 생각하는 상담자도 있다. 그러나 실제로 진단은 관계를 열어주는 도구가 될 수 있다. 상담자가 진단을 통해 내담자의 고민을 '숫자'가 아니라 '언어'로 해석하고 공감해 줄 수 있을 때, 내담자는 자신의 상태를 객관화하고 그 의미를 함께 나누는 데서 신뢰와 안전감을 형성한다. 예를 들어, 진단 결과를 다음과 같이 해석하며 설명할 수 있다.

"이 결과를 보면, 미래에 대한 계획을 세우는 데 있어서 조금 막막함을 느끼시는 것 같아요. 혹시 최근에 방향에 대해 고민이 많으셨을까요?"

또한 진단은 단기적인 개입과 전략 수립을 가능하게 하기도 한다. 어떤 점을 보완하고, 어떤 강점을 활용할 것인지 진단을 통해 구조화할 수 있으며, 이는 내담자가 느끼는 '실질적인 변화 가능성'을 높여주는 기제가 된다.

마치 지도 없이 여행을 떠나는 것처럼, 진단 없는 상담은 목적지를 잃은 채 무작정 말을 나누는 것에 불과할 수 있다. 상담자는 진단을 통해 내담자의 현재 위치와 가능성을 파악하고, 그에 맞는 개입을 설계할 수 있어야 한다. 이는 직업학이 강조하는 과학적 근거와 실천적 연계를 동시에 만족시키는 길이기도 하다.

결국 진단은 상담의 '준비 단계'가 아닌, 상담 전체를 관통하는 핵심적 출발점이다. 직업학은 진단을 통해 인간의 경력 발달을 보다 깊이 이해하고, 그에 맞는 의미 있는 개입을 가능하게 한다.

○ 진단 검사의 역할과 기능

진단은 상담의 흐름 전반을 유기적으로 이끌어 주며, 상담 목표 설정과 개입 전략 수립의 매개로 작동해야 한다. 특히 직업 상담에서 진단은 내담자의 상태를 '평가'하는 것이 아니라, 내담자의 삶을 이해하고, 변화의 가능성을 발견하는 과정이다.

이제 진단 검사가 상담과 어떻게 연결되어야 하는지, 진단 → 해석 → 목표 설정 → 개입 설계의 흐름 속에서 그 구체적인 역할과 기능을 알아보자.

❶ 진단 결과는 점수가 아니라 '이야기의 실마리'다.

직업학에서 진단은 숫자를 통해 개인을 분류하거나 평가하는 것이 아니라, 내담자의 진로 서사를 구성하는 핵심 단서로 본다. 예를 들어, 경력 적응도 검사에서 자신감 하위척도 점수가 낮게 나왔다고 해서 단순히 '자신감이 부족하다'고 단정 지을 수는 없다. 그 수치는 내담자가 경험한 실패, 불확실성, 기대 미설정, 혹은 현재 처한 상황 등 복합적인 요인의 결과일 수 있다.

이러한 점수는 상담자에게 다음과 같은 질문을 유도하는 실마리가 된다.

"최근 어떤 변화가 있었나요?"

"이직을 고려하실 때 가장 고민되는 부분은 무엇이었나요?"

"스스로에 대해 확신이 잘 들지 않을 때가 있으신가요?"

이처럼 진단 결과는 삶의 맥락과 연결되어야 의미가 있다. 해석은 점수를 문장으로 옮기는 기술이 아니라, 내담자의 목소리와 상담자의 전문성이 만나는 대화의 시작점이다.

❷ 진단은 상담의 목표를 구체화하는 통로다.

진단 검사가 상담에 효과적으로 활용되기 위해서는, 해석 이후의 단계로 목표 설정과 전략 설계가 필수적으로 뒤따라야 한다. 상담자들은 진단 결과를 근거로 내담자의 현재 상태, 변화 욕구, 준비도 등을 종합적으로 분석한 후, 다음과 같은 방향으로 상담 목표를 구체화할 수 있다.

▸▸ 예시 1

진단 결과: 경력 개발 준비도 중 '직무 탐색 동기'가 낮음
해석: 직업정보에 대한 탐색 의욕이 낮고, 무엇을 해야 할지 막막함
상담 목표: 내담자의 흥미와 가치를 반영한 직무 탐색 활동 설계

▸▸ 예시 2

진단 결과: 경력 적응성 검사 중 자기통제감 점수가 낮음
해석: 변화에 대한 주도성과 자기결정력이 부족함
상담 목표: 작고 구체적인 실천 계획 수립을 통해 자기효능감 회복

진단이 없으면 상담자는 내담자의 요구를 파악하는 데 막연할 수

있고, 상담의 방향도 추상적일 수 있다. 반면, 진단은 상담자가 내담자의 현재 상태를 객관적으로 조망하게 하고, 현실 가능한 변화 계획을 함께 수립할 수 있는 근거를 제공한다.

❸ 진단은 맞춤형 개입 전략의 출발점이 된다.

모든 내담자에게 동일한 상담 전략을 적용하는 것은 효과적이지 않다. 진단 검사는 내담자의 특성과 심리·사회적 자원의 상태를 구조적으로 파악하게 하여, 그에 맞는 차별화된 개입 전략을 수립하는 데 도움을 준다.

내담자 유형	주요 진단 검사	진단 결과	상담 전략
중장년 경력 전환자	경력적응성	호기심, 자신감 낮음	전환기 재설계 워크, 긍정적 경험 회상 과제
경력단절여성	자기효능감, 진로 의사 결정	낮은 결정 확신, 실행 의지 부족	단계별 구직 실행 계획, 소그룹 면접 연습
청년	진로정체감, 진로성숙도	진로정체감 혼란, 낮은 자기효능감	정체감 유형 분석, 직업 체험 활동 연계

이처럼 진단은 내담자 유형에 따라 상담 계획을 구조화하고, 현실적인 행동을 끌어내는 전략을 설계하는 출발점이 된다. 특히 현장에서 상담 시간과 자원이 제한된 상황에서는, 진단을 활용해 빠르게 핵심을 파악하고 우선순위를 설정하는 것이 매우 중요하다.

❸ 진단은 상담 관계의 형성과 유지에도 기여한다.

진단은 상담자가 내담자의 문제를 정확히 이해하고 있다는 신호를 줄 수 있으며, 이는 상담 관계 형성에 큰 영향을 미친다. 내담자 입장에서 진단은 자신의 고민을 구체적 언어로 정리하고 공유하는 과정이 되며, 상담자는 이를 통해 공감적 피드백과 현실적인 제안을 제공할 수 있다. 예를 들어, 상담자가 다음과 같이 진단 결과를 전달한다고 가정해 보자.

"경력적응성 검사에서 미래에 대한 계획을 세우는 항목이 조금 낮게 나왔는데, 최근 들어 어떤 변화나 불확실함을 느끼셨을까요? 우리가 이 부분을 함께 정리해 볼 수 있을 것 같아요."

이러한 설명은 내담자의 경험을 존중하면서도 변화를 위한 실마리를 제공하는 대화의 형태로 작동한다. 진단이 단순한 숫자 해석이 아니라 관계를 열어주는 대화의 도구가 되는 것이다.

진단은 상담의 전 과정에 걸쳐 살아 움직이는 도구다. 상담자가 진단을 해석하고 목표를 설정하며 전략을 설계하는 데까지 연결할 수 있다면, 그 상담은 더 체계적이고 효과적인 변화 촉진의 과정이 될 수 있다. 진단을 통해 우리는 내담자를 수치로 판단하는 것이 아니라, 그 사람의 가능성과 서사를 함께 발견하고 만들어가는 과정에 참여하게 되는 것이다.

·· 2 ··
내담자 유형별
진단 접근

상담에서 가장 먼저 살펴봐야 할 것은 내담자의 삶의 맥락과 현재 경력 상태이다. 같은 진로 관심을 가진 사람이라도 나이, 경력 흐름, 심리 상태에 따라 상담 접근이 달라지기 때문이다. 이에 따라 주요 내담자 유형별로 적절한 진단 도구와 활용 방법을 소개한다.

○ 중장년 경력 전환형 내담자

중장년 내담자는 보통 정년퇴직, 실업, 자영업 폐업 등으로 오랜 경력이 중단을 경험하고, 새로운 직무나 생애 방향을 모색하는 시점에 있다. 이들은 비교적 풍부한 경력을 가지고 있지만 경력 전환 과정에서 심리적 위축, 자신감 저하, 정보 탐색의 어려움 등을 겪는 경우가 많다. 연령에 대한 사회적 편견 역시 취업에 걸림돌로 작용한다.

이들에게 추천되는 핵심 진단 검사는 Savickas(2012) 경력적응성 검사이다. 이 검사는 경력 전환기에 필요한 심리사회적 자원 네 가지

(관심, 호기심, 통제, 자신감)를 측정한다.

'경력적응성 검사'는 단순히 수치 평가 도구를 넘어서 상담 목표 설정에 직접적인 단서를 제공한다. 예를 들어, '호기심' 점수가 낮게 나온 내담자의 경우, 직업정보 탐색 능력이 떨어지는 경향이 있으므로, 상담자는 직업 그림책 읽기, 직업인 인터뷰, 현장 체험 등을 과제로 설계할 수 있다. 또한 '자신감'이 낮다면, 작은 성공 경험을 통해 자기효능감을 회복하도록 돕는 것이 필요하다.

'생애 곡선(Life-Line) 기법'은 중장년 내담자에게 매우 효과적이다. 이 검사는 내담자가 삶을 시간의 흐름에 따라 시각적으로 정리하며, 자신이 경험한 중요한 사건과 감정의 흐름을 곡선 형태로 그려보는 활동이다. 이를 통해 내담자는 과거의 성공 경험과 위기 극복 사례를 떠올리고, 자신의 강점을 재발견할 수 있다. 특히, 상담자가 상승 구간에서의 활동과 감정에 주목하여 질문을 던질 경우, 내담자는 잊고 있던 자신감을 회복하고 미래에 대한 실마리를 찾게 된다.

경력(직업) 가치 카드(Career Values Card)는 직업 선택에 있어 내담자가 중요하게 여기는 '가치'를 탐색하는 도구로, 새로운 진로를 설정하는 중장년에게 특히 유용하다. 이 도구는 약 80개의 가치 키워드 중 5~7개의 핵심 가치를 우선순위로 정하게 한다. 내담자는 이를 통해 자신의 내적 동기와 직무 선택 기준을 재정립할 수 있으며, 상담자는 이를 바탕으로 내담자에게 적합한 직무 방향을 구체화할 수 있다.

구분	내용
사례	50대 초반의 A씨는 20년간 대기업 인사팀에서 일하다 희망퇴직 후 새 직장을 알아보고 있습니다. 하지만 나이와 변화된 일자리 환경에 대한 두려움으로 취업 준비를 미루고 있었습니다.
활용 도구: 경력 적응성 척도	A씨에게 경력적응성 검사를 실시한 결과, '관심'과 '통제' 점수는 높았지만, '호기심'과 '자신감'이 낮게 나왔습니다. → 상담자는 직업정보 탐색 활동을 설계하고, 소규모 직무체험 기회를 안내함으로써 직업 세계에 대한 탐색과 작은 성공 경험을 통해 자신감을 회복하도록 도왔습니다.
보조 도구: 생애 곡선	A씨가 생애 곡선을 작성하며 과거 프로젝트 성공 경험을 떠올리는 과정에서, 자신이 여전히 조직 운영 능력이 뛰어남을 인식하고, 자신의 장점을 되살리는 전환점이 되었습니다.
추가 도구: 경력 가치 카드	상담 후, A씨는 '책임감', '인정성', '타인에 대한 영향력'을 중요한 가치로 선택했고, 이에 따라 중간 관리자나 교육 훈련 관련 직무로 방향을 좁혀가는 상담이 가능했습니다.

○ 경력단절여성 및 장기 실업형 내담자

경력단절여성이나 장기 실업형 내담자는 오랜 시간 사회와 떨어져 지내다 보니 다시 일로 복귀하는 데 심리적 부담이 크다. 이들에게는 단순히 일자리를 소개하기보다 자존감 회복과 실행 준비부터 함께하는 접근이 필요하다.

'자기효능감 검사'는 현재 상태를 점검하기에 적절하다. 이는 '내가 과연 해낼 수 있을까?'라는 내적 확신 수준을 측정하며, 낮게 나타날 경우 상담자는 작은 성공 과제를 설계하거나, 구직에 앞서 자율적인 활동을 먼저 제안함으로써 내담자가 자신에 대한 신뢰를 회복할 수 있도록 도와야 한다.

'경력 개발 준비도 검사'는 경력 개발을 위한 실제 준비 수준을 점검하는 데 효과적이다. 이 도구는 내담자의 목표의식, 구직 실행 능력, 직업정보 탐색 능력, 자기관리 역량 등을 항목별로 점검할 수 있어, 상담자는 부족한 영역을 중심으로 구체적인 행동 계획을 수립할 수 있다. 예를 들어, 목표 의식이 낮은 내담자에게는 진로 탐색 워크북을 활용한 비전 작성 활동을 제안할 수 있으며, 실행력이 낮은 경우에는 하루 단위 과제 설정 등으로 동기를 유도할 수 있다.

'진로 의사 결정 검사'는 진로 결정과 관련된 심리적 저항을 확인하는 데 유용하다. 이 도구는 내담자가 결정 자체를 미루거나, 두려움 때문에 선택을 회피하고 있는지, 혹은 정보 부족으로 인해 혼란을 겪고 있는지를 구분해 준다. 이를 통해 상담자는 정보 제공뿐 아니라, 내담자의 결정 방식 자체를 성찰할 수 있도록 개입 전략을 설계할 수 있다.

구분	내용
초기 상황	40대 후반의 B씨는 두 자녀 양육을 위해 15년간 전업주부로 지내다 다시 취업을 희망합니다. 그러나 스스로가 사회에서 한참 멀어졌다고 느끼며 "자신감이 너무 없다"고 반복해서 말했습니다.
활용 도구: 자기효능감 척도	B씨는 전반적인 자기효능감이 낮은 상태로 나타났습니다. 상담자는 '하루 30분 온라인 강의 수강' 같은 작고 쉬운 과제를 제시하여 스스로 성취감을 느끼도록 하였습니다.
보조 도구: 경력 개발 준비도 검사	검사 결과, B씨는 '직업정보 탐색'과 '목표 설정' 항목에서 낮은 점수를 보였습니다. → 상담자는 간단한 진로 워크북 작성을 도우며, '내가 잘하는 것, 하고 싶은 것'을 직접 적어보게 하여 구체적인 진로 이미지 형성을 유도했습니다.
추가 도구: 진로 의사 결정 검사	B씨는 '정보 부족형'과 '불안 회피형' 진로 결정 문제를 모두 보였습니다.

> → 따라서 상담자는 정보 탐색 기법을 가르치고, 실제로 구인 사이트를 함께 검색해 보며 '결정은 해도 된다'는 심리적 안정감을 강화했습니다.

○ 청년 내담자

청년 내담자는 직업 세계에 본격적으로 진입하기 전 단계로, 진로 정체감의 형성과 경력 탐색이 핵심 과제다. 부모나 또래의 기대, 빠르게 변화하는 사회 환경, 불확실한 고용 시장 등은 청년 내담자에게 혼란과 불안을 야기한다. 따라서 이들에게는 진로에 대한 자기이해와 실행력을 동시에 다룰 수 있는 도구가 필요하다.

'진로성숙도 검사'는 청년의 진로 태도와 준비 상태를 점검하는 데 유용하다. 진로에 대한 계획성, 책임감, 결정 능력 등을 평가하며, 성숙도가 낮은 경우 진로 목표를 세우는 활동이나 구체적인 정보 탐색 방법에 대한 교육이 효과적이다.

'진로정체감 검사'는 진로와 관련된 자아정체감 수준을 유형별로 분류하여, 내담자가 지금 어떤 상태에 있는지를 명확하게 보여준다. 성취형은 이미 명확한 방향을 가진 경우, 유예형은 고민은 하고 있지만 결정을 미루는 상태, 혼란형은 혼란스럽고 방황하는 상태를 의미한다. 상담자는 이 유형별 진단을 바탕으로 적절한 대화를 이끌 수 있다.

'진로 결정 자기효능감 검사'는 진로에 대한 실행 가능성에 대한 내담자의 신념을 측정한다. 즉, 목표를 설정하고, 정보를 찾고, 실행으로 옮기는 능력에 대해 얼마나 자신감을 갖고 있는지를 평가한다. 점수가 낮은 경우에는 구체적인 행동 실천 과제와 모의 상황 활동 등을 통해 점진적으로 자기효능감을 강화해 줄 필요가 있다.

구분	내용
초기 상황	대학 4학년의 A씨는 졸업을 앞두고도 어떤 일을 하고 싶은지 모르겠다고 말합니다. 부모는 공무원을 권하지만, 본인은 적성에 맞지 않는 것 같아 고민이 깊습니다.
활용 도구: 진로성숙도 검사	검사 결과, A씨는 '책임감', '계획성'이 낮은 편으로 나왔습니다. 상담자는 단기 목표 설정 워크시트를 활용해 다음 주까지 관심 직무 조사하기 등의 과제를 설계했습니다.
보조 도구: 진로정체감 검사	A씨는 '유예형'으로 진단되었습니다. → 상담자는 "지금 결정하지 않아도 됩니다. 하지만 준비는 해봐야죠"라는 말로 부담을 낮추고, 직무 인터뷰 과제나 실무자 특강 추천 등 탐색 활동 중심으로 상담을 진행했습니다.
추가 도구: 진로 결정 자기효능감 척도	진로정보 탐색이나 실행에 대한 자신감이 부족하다는 결과가 나왔습니다. → 따라서 실제 기업 공고를 함께 살펴보고, 가상 이력서 작성 활동을 통해 '할 수 있다'는 감각을 키워주는 실습형 상담을 제안했습니다.

　내담자의 상태를 파악하기 위한 검사는 단순한 정보 수집을 넘어 상담 목표 설정과 개입 전략 수립의 출발점이다. 각 유형에 맞는 검사를 적절히 활용하면, 상담자는 좀 더 구조화된 상담을 진행할 수 있으며, 내담자 역시 자신의 상태를 객관적으로 인식하고 변화의 동기를 찾는 데 큰 도움을 받을 수 있다. 중요한 것은 검사 자체보다 검사를 통해 '어떤 대화를 이끌어 내느냐'이며, 그 대화가 내담자에게 의미 있는 상담의 흐름으로 연결될 수 있도록 활용해야 한다.

진단 결과,
어떻게 상담 목표로 연결할까?

상담 현장에서 진단 검사는 내담자의 현재 상태를 파악하고 상담의 방향을 설정하는 데 중요한 역할을 한다. 그러나 진단은 단순히 점수나 수치를 확인하는 데 그치지 않으며, 그 결과를 해석하고 상담 목표로 연결하는 과정을 통해 실질적인 개입 전략으로 이어져야 한다. 진단 결과를 해석하고, 이를 바탕으로 내담자에게 적합한 상담 목표를 어떻게 설정할지 알아보자.

○ 진단 결과 해석
: 숫자를 넘어 '이야기'를 읽는 과정

진단 검사는 내담자의 진로 관련 태도, 역량, 가치관 등을 구조화된 방식으로 파악할 수 있도록 도와준다. 그러나 동일한 점수라도 내담자의 연령, 경력 단계, 개인적 경험 등에 따라 전혀 다른 의미를 가질 수 있으므로, 수치를 기계적으로 해석하는 것은 지양해야 한다.

예를 들어, 경력적응성 검사에서 '호기심' 점수가 낮게 나타난 경우, 이는 단순한 진로 탐색 부족으로 해석되기보다 현재의 불안정한 생활 여건, 자신감 결여, 또는 정보접근성 부족 등 외부 요인의 반영일 수 있다. 따라서 상담자는 진단 결과를 내담자의 삶의 맥락 속에서 의미화하는 노력이 필요하다.

진단 결과를 해석할 때는 다음과 같은 질문을 활용하면 유용하다.

"이 결과를 보시고 어떤 점이 와닿으시나요?"

"현재 상황과 관련하여 이 항목은 어떤 의미가 있을까요?"

"예상과 다른 결과가 있었다면, 그 이유는 무엇이라 생각하시나요?"

이러한 대화를 통해 내담자는 자신의 상태를 더 깊이 이해할 수 있으며, 상담자는 개입의 방향을 구체화할 수 있다.

○ 상담 목표 설정
: 실행 가능한 변화의 시작점

진단 해석 이후에는 상담의 초점을 명확히 하기 위해 상담 목표를 설정해야 한다. 상담 목표는 내담자의 변화를 유도하는 방향키로 기능하며, 실현 가능하고 구체적이어야 한다.

상담 목표를 설정할 때에는 몇 가지 중요한 원칙을 고려하는 것이 효과적이다. 무엇보다도 상담은 내담자 중심 접근을 기반으로 해야 한다. 즉, 목표는 상담자의 가설이나 일방적인 제안이 아니라, 내담자가 실제로 필요로 하고 스스로 실천할 수 있는 수준에서 세워져야 한다. 목표가 내담자의 동기와 의사를 반영할 때 비로소 현실적인 실행 가능성을 확보할 수 있다.

또한 목표는 구체적이고 측정 가능해야 한다. 예를 들어, 단순히 '진로 탐색을 한다'는 추상적인 표현보다는 '관심 직무에 대한 정보를 세 가지 조사한다'처럼 행동으로 옮길 수 있는 형태로 제시하는 것이 바람직하다. 이렇게 구체화된 목표는 내담자가 방향을 잃지 않고 성취감을 경험하도록 돕는다.

아울러 단계적 접근도 필요하다. 특히 경력 단절이나 장기 실업 상태에 놓인 내담자의 경우, 곧바로 직무 제안이나 구체적인 취업 목표를 세우기보다는 먼저 심리적 회복과 자신감을 회복하는 과정이 선행되어야 한다. 작은 성공 경험을 통해 실행 기반을 다진 후 점차 직업적 목표로 확장하는 방식이 효과적이다.

마지막으로 상담 목표에는 반드시 시간적 범위가 포함되어야 한다. 목표가 언제까지, 어떤 방식으로 실천될 것인지를 명확히 설정해야 하며, 상담자는 회기 간 이를 지속적으로 점검하면서 내담자의 실행 여부와 변화를 추적할 수 있어야 한다. 이러한 과정을 통해 상담 목표는 단순한 선언에 머무르지 않고, 실제 행동과 성장을 이끄는 실질적 도구로 작동하게 된다.

○ 진단 검사와 상담 목표 연결 사례

다음은 주요 진단 도구별로 상담 목표 설정으로 연결할 수 있는 예시를 제시한 것이나. 상담사는 이들 참고하여 각 내담자의 상황에 적합한 개입 방향을 구체화할 수 있다.

진단 도구	결과 해석 예시	상담 목표 예시
경력 적응도	'자신감'과 '통제감'이 낮음	과거 성취 경험 회상 및 자신감 회복 활동 계획
진로 결정 수준 검사	진로 미결정 상태	적성·흥미 탐색 수, 관심 직무 2가지 조사
생애 곡선	특정 시기 이후 자기효능감 저하 지속	긍정적 경험 중심의 자기서사 정리
경력 가치 카드	'자율성'과 '안정감'가치가 높음	해당 가치에 부합하는 직무군 탐색 및 우선순위 정리

진단 결과는 내담자가 자신의 강점과 관심, 어려움을 객관적으로 인식하는 기회를 제공한다. 상담자는 이러한 결과를 상담 흐름에 통합하여, 내담자가 목표를 명확히 설정하고 구체적인 행동을 준비할 수 있도록 지원해야 한다.

진단이 효과적으로 상담 과정에 통합되기 위해서는 일정한 흐름을 유지하는 것이 바람직하다. 먼저, 진단의 실시와 결과 확인이 이루어져야 한다. 이때 상담자는 신뢰할 수 있는 진단 도구를 활용하고, 결과를 내담자와 투명하게 공유하여 상담의 출발점을 마련한다.

다음 단계는 해석과 의미화 과정이다. 단순히 점수나 지표를 전달하는 데 그치지 않고, 내담자가 이해할 수 있는 언어로 풀어내며 현재의 상황과 연결시키는 것이 중요하다. 이를 통해 내담자는 진단 결과가 자신의 삶과 어떻게 맞닿아 있는지를 인식하게 된다.

이어지는 과정은 상담 목표의 설정이다. 상담자는 내담자가 스스로 실천할 수 있는 구체적이고 현실적인 목표를 세울 수 있도록 돕는다.

이는 내담자의 동기와 의지를 반영해야 하며, 추상적인 방향 제시보다는 실행 가능한 과제를 중심으로 구성된다.

마지막으로, 실행 계획 수립과 피드백 설계가 필요하다. 설정된 목표를 달성하기 위해 어떤 행동을 취할 것인지 구체적으로 정리하고, 상담자는 이후 회기에서 그 이행 여부와 성과를 점검한다. 이러한 순환적 흐름을 통해 진단은 단순한 평가를 넘어, 상담 과정 전반을 이끄는 실질적 도구로 기능하게 된다.

진단은 상담의 시작이자 중요한 전환점이다. 상담자는 진단 결과를 수치 중심으로 단정 짓기보다, 내담자의 서사를 함께 해석하고 실천 가능한 목표로 연결하는 데 집중해야 한다. 특히 신입 직업상담사의 경우, 진단 검사 해석에 익숙해지기까지 시간이 필요하므로, '정확한 해석'보다는 '내담자 중심의 의미화'에 초점을 두는 접근이 효과적이다.

궁극적으로 진단은 내담자에게 자기이해와 행동 동기를 제공하고, 상담자에게는 개입 전략을 구체화할 수 있는 근거를 제공한다. 이러한 진단-해석-목표 설정의 흐름을 숙지하고 현장에 적용하는 것은 직업상담사의 핵심 역량 중 하나라 할 수 있다

·· 4 ··
핵심 진단 도구 해석하고
적용하는 방법

진단 검사는 내담자의 상태를 객관적으로 이해하고 상담 방향을 잡는 데 중요한 역할을 한다. 특히 상담 초기에는 말로 드러나지 않는 심리적 자원이나 진로 고민을 파악하는 데 유용하다. 여기서는 성인과 청년 대상 주요 진단 검사의 개념, 해석 방법, 적용 사례를 살펴본다.

○ 성인 내담자 중심 진단 도구

❶ 경력 적응성 검사(Career Adapt-Abilities Scale)

경력 전환에 필요한 심리 사회적 자원을 네 가지 하위 영역으로 구분하여 측정하는 검사이다. 관심, 통제, 호기심, 자신감의 네 영역은 성인의 경력 전환기에서 나타나는 적응 수준을 진단하는 데 적합하며, 특히 중장년층의 심리적 준비 상태를 점검하는 데 유용하다. 검사의 해석 포인트 네 가지는 관심(미래에 대한 계획과 준비 의지), 통제(자신의 진로를 주도할 수 있다는 인식), 호기심(직업 세계에 대한 탐색 의지), 자신감(변화에 대한 자기효능감)이다.

> 사례) 55세 퇴직 남성 내담자는 재취업을 앞두고 막연한 불안을 느끼고 있었
> 다. 검사 결과, 호기심과 자신감 점수가 낮게 나타났다. 상담자는 직무 관련 자
> 료를 찾아보게 하고, 직업인과의 인터뷰를 진행하도록 제안했다. 또한 과거 조
> 직에서의 성취 경험을 돌아보도록 하여 자기효능감을 회복하도록 도왔다. 그
> 결과, 내담자는 사회복지 분야 자격증 취득이라는 새로운 계획을 세울 수 있었
> 다.

❷ 진로 의사 결정 검사(Career Decision-Making)

내담자가 진로를 선택할 때 어느 정도 확신을 갖고 있는지, 직업정
보를 얼마나 잘 활용하는지, 그리고 실제로 행동으로 옮길 수 있는지
를 살펴보는 검사이다. 다시 말해, 진로 준비와 실행 가능성을 전반적
으로 확인할 수 있는 도구이다. 이 검사는 세 가지 포인트로 해석할 수
있다. 첫째, 확신도는 진로 선택에 대한 심리적 안정감을 의미한다. 둘
째, 정보 활용은 직업 관련 정보를 탐색하고 이해하는 능력을 뜻한다.
셋째, 실행력은 계획을 실제 행동으로 옮기는 정도를 보여준다. 이 검
사를 잘 활용하면 진로 실행력을 높일 수 있다.

> 사례) 한 경력단절여성 내담자는 구직 의지는 있었지만 실행 단계로 나아가는
> 데 큰 어려움을 겪고 있었다. 검사를 해보니 '실행력' 점수가 특히 낮게 나왔다.
> 상담자는 이 결과를 바탕으로 내담자가 작게라도 행동을 시작할 수 있도록 돕는
> 전략을 제안하였다. 구체적으로는 '일상 속 진로 탐색' 활동지를 활용해, 미주

한 번 채용정보를 찾아보는 과제를 주었다.

이 작은 과제를 반복하면서 내담자는 점차 실행에 대한 자신감을 회복하였다. 시간이 지나 실행력 점수도 향상되었고, 결국 실제로 이력서를 제출하는 단계까지 나아갈 수 있었다. 머뭇거리던 상태에서 벗어나 행동으로 옮기게 된 것이다.

❸ 경력 개발 준비도 검사 및 진로 자기효능감 검사

경력 개발 준비도를 측정하는 검사로, 진로 목표 설정, 계획 수립, 실행 능력 등을 평가할 수 있다. 진로 자기효능감 검사는 특정 진로 과업에 대한 자신감을 수치화하여 측정하며, 진로 실천 의지를 파악하는 데 효과적이다.

사례) 장기 실업 내담자는 앞으로 하고 싶은 일과 목표 의식은 분명했지만, 실제 행동으로 옮기는 데는 어려움을 겪고 있었다. 검사를 해보니 '계획'과 '실행' 영역 점수가 낮았고, 자기효능감 역시 전반적으로 부족하다는 결과가 나왔다. 다시 말해, 하고 싶은 마음은 있었지만 구체적인 행동으로 연결하는 힘이 약했던 것이다.

상담자는 이런 결과를 토대로 작은 행동부터 실천하도록 돕기로 했다. 내담자에게는 매주 실행할 목표를 정하고, 다음 상담에서 그 과정을 점검하는 방식을 적용하였다. 예를 들어 '이번 주 안에 이력서 초안을 작성하기', '관심 있는 자격시험 일정을 확인하고 신청하기'와 같은 구체적인 과제가 주어졌다.

이 과정을 통해 내담자는 조금씩 실행 경험을 쌓으며 자신감을 회복하기 시작했다. 꾸준히 상담자의 안내를 따르자 단 5주 만에 이력서를 완성하고 자격시험까지 신청할 수 있었다. 이 사례는 진단 검사를 바탕으로 한 해석과 피드백이 내담자의 실천 의지를 강화하고, 결국 실행력까지 높이는 효과적인 전략이 될 수 있음을 보여준다.

○ 청년 내담자 중심 진단 검사

❶ 진로 성숙도 검사

진로 성숙도 검사(Career Maturity Inventory)는 청년 내담자의 진로 성숙도를 측정하는 검사로, 결정성, 계획성, 독립성, 현실성 등 진로 발달과 관련된 주요 심리 요소를 파악할 수 있다.

사례) 한 대학생 내담자는 졸업을 앞두고 있었지만, 진로를 어떻게 결정해야 할지 큰 어려움을 겪고 있었다. 진로 성숙도 검사를 실시한 결과, 이 학생은 현실적으로 계획을 세우는 능력과 독립적으로 결정을 내리는 힘이 부족하다는 점이 드러났다. 상담자는 이러한 부분을 돕기 위해 의사 결정 역할극을 함께 진행하고, 다양한 직업정보를 탐색하도록 활동을 제안하였다.
4회기 동안 이러한 과정을 거치면서 학생은 처음의 막연한 상태에서 벗어나 점차 진로 선택의 기준을 세울 수 있게 되었다. 결국 여러 가능성을 좁혀 세 가지 진로 후보구으로 정리할 수 있었고, 이는 학생이 보다 현실적으로 판단하고 스스로 주체적으로 결정하는 힘이 향상되었음을 보여주는 결과였다. 이 과정은 학생의 진로 성숙도를 한 단계 높여주는 중요한 계기가 되었다.

❷ 진로 정체감 검사

진로 정체감 검사(My Vocational Identity Inventory)는 청년 내담

자가 진로에 대해 얼마나 안정적인 정체감을 가지고 있는지를 진단하는 도구이다. 검사 결과는 성취형, 유예형, 혼란형, 폐기형 등으로 유형이 나뉘며, 이를 통해 내담자가 현재 어떤 상태인지를 알 수 있다.

사례) 매 회기 상담을 시작할 때마다 진로 희망이 계속 바뀌는 청년 내담자가 있었다. 오늘은 교사, 다음 주는 디자이너, 또 다른 주에는 공무원을 이야기하는 식이었다. 검사 결과, 이 내담자는 '혼란형'으로 나타났다. 이런 경우 내담자 자신도 힘들지만 상담자도 상담 방향을 잡기가 쉽지 않다. 상담자는 문제 해결을 위해 진로 스토리 회고, 진로 가치 카드 활용, 진로 일기 작성과 같은 자기이해 중심 활동을 제안하였다. 이러한 과정을 거치면서 내담자는 자신이 일관되게 중요하게 생각하는 가치를 발견하게 되었고, 결국 '사회적 가치 실현'이라는 명확한 진로 방향성을 세울 수 있었다.

❸ 진로 결정 자기효능감 검사

진로 결정 자기효능감 검사(Career Decision-Making Self-Efficacy)는 내담자가 진로 결정을 할 때 실제 행동으로 옮길 수 있는 자신감을 얼마나 가지고 있는지를 확인하는 검사이다. 정보 수집, 목표 설정, 계획 수립, 문제 해결의 네 가지 영역에 대한 신념을 평가한다.

사례) 고졸 취업 준비 중인 내담자는 공기업 입사를 희망하고 있었지만, 준비가 거의 되어있지 않았다. 검사 결과, 목표 설정과 문제 해결 영역 점수가 낮게 나타났다. 상담자는 이를 개선하기 위해 구체적이고 구조화된 과제를 제시하였다. 예를 들어, 진로 목표 피라미드 작성, 구직 계획표 설계, 직업 인터뷰 발표 활동을 단계적으로 진행하도록 했다. 내담자는 이 과제를 성실하게 수행하면서 자신이 부족했던 부분을 점차 보완할 수 있었고, 실제 실행력을 높이는 성과를 얻을 수 있었다.

○ 검사 간 통합 해석과 전략 수립

진단 검사는 하나만으로도 의미가 있지만, 두세 가지를 함께 활용하면 내담자의 상태를 더 입체적으로 볼 수 있다. 예를 들어, 경력 적응성 검사와 진로 의사 결정 검사를 함께 쓰면 심리적 적응력과 실행력의 관계를 동시에 파악할 수 있다.

사례) 한 30대 경력단절여성 내담자는 경력 적응성 검사에서 자신감이 낮고, 진로 의사 결정 검사에서 실행력이 부족한 것으로 나타났다. 상담자는 이를 '불확실성과 실천 불안이 겹쳐 있는 상태'로 해석하고, 단기 실행 과제와 작은 일거리 탐색을 통해 자기효능감을 키우도록 도왔다. 그 결과 내담자는 불안에서 벗어나 적극적으로 행동하기 시작했다.

진단 검사는 단순한 수치 확인이 아니라, 내담자의 숨겨진 고민을 드러내고 변화 전략을 세우는 출발점이다. 이를 상황에 맞게 해석하고 적용하는 것이 직업상담사의 중요한 역량이다.

진단 결과를 상담에 적용하는 워크시트 활용법

진단 검사는 내담자의 상태를 파악하고 상담 목표를 세우는 데 기초자료가 된다. 그러나 결과를 단순히 설명하거나 점수 해석에만 집중하면 상담 효과가 떨어질 수 있다. 상담자는 검사 결과를 내담자와 함께 다시 해석하고, 이를 구체적인 실천 계획으로 연결해야 한다. 이때 워크시트는 매우 유용한 도구이다.

워크시트는 내담자가 자신의 상태를 눈으로 확인하고, 결과를 스스로 해석할 수 있도록 돕는 매개체이다. 또한 상담자가 상담 내용을 정리하고 회기 간 연결성을 유지하는 데 효과적이다. 현장에서 활용할 수 있는 주요 워크시트 유형은 다음과 같다.

○ 진단 해석 워크시트

진단 해석 워크시트는 검사 결과를 단순히 보여주는 것이 아니라, 내담자가 자신의 삶과 연결하여 이해하도록 돕는 도구이다. 점수를 내담자의 언어로 풀어내는 과정을 통해 자기이해가 깊어지고 상담 참여도가 높아진다.

주요 항목은 다음과 같다.

- 검사 결과 중 가장 눈에 띄는 항목은 무엇이었는가?
- 현재 자신의 상황과 어떤 점에서 유사하거나 차이가 있었는가?
- 이 결과를 통해 새롭게 알게 된 점은 무엇인가?
- 다음 상담에서 더 다루고 싶은 주제는 무엇인가?

상담자는 결과지를 함께 살펴보며 내담자가 느낀 점을 기록하도록 유도한다. 필요할 경우 질문을 던져 작성 과정을 지원하며, 완성된 워크시트는 이후 상담의 출발점으로 활용된다.

○ 상담 목표 설정 워크시트

상담 목표 설정 워크시트는 내담자가 진단 결과를 토대로 구체적이고 실행 가능한 목표를 세울 수 있도록 돕는 도구이다. 목표는 내담자의 의사와 실행 가능성을 반영해야 하며, 추상적이지 않고 행동으로 옮길 수 있는 수준이어야 한다.

주요 항목은 다음과 같다.

- 현재 자신이 어려움을 느끼는 부분은 무엇인가?
- 상담을 통해 기대하는 변화는 어떤 것인가?
- 지금 당장 실천할 수 있는 행동은 무엇인가?
- 이 행동을 언제까지 시도해볼 수 있는가?
- 다음 상담에서 함께 점검하고 싶은 사항은 무엇인가?

이 워크시트는 내담자가 목표를 자신의 언어로 표현하고, 구체적인 기한을 설정하도록 돕는다. 상담자는 추상적이거나 비현실적인 목표를 설정하지 않도록 내담자에게 피드백을 제공하며, 필요할 경우 SMART 원칙(구체적·측정 가능·달성 가능·관련성·기한 설정)을 적용해 목표를 구체화한다.

○ 자기이해 확장 워크시트

자기이해 확장 워크시트는 경력 가치 카드, 생애 곡선, 진로 스토리 회고와 같은 도구 활용 후에 사용하면 효과적이다. 내담자가 자신의 가치와 경험을 정리하면서 삶의 의미를 재구성하고, 새로운 진로 방향을 탐색할 수 있도록 돕는 도구이다.

주요 항목은 다음과 같다.

- 자신에게 가장 의미 있었던 경험은 무엇이었는가?
- 그 경험을 통해 어떤 감정이나 가치를 느꼈는가?

이 워크시트는 진로 정체감이 불안정하거나 혼란을 겪는 내담자에게 특히 효과적이다. 내담자는 자신에게 중요한 가치를 발견하고, 이를 토대로 진로 방향의 단서를 찾을 수 있다.

○ 워크시트 활용 시 상담사의 역할

워크시트는 상담자의 안내와 개입을 전제로 효과를 발휘하는 도구이다. 단순히 양식을 제공하는 것이 아니라, 내담자가 작성 과정에서 스스로 사고를 정리하고 해석하도록 돕는 것이 중요하다. 상담자는 작성 전 워크시트의 목적과 기대 효과를 설명해야 하며, 작성에 어려움을 겪는 내담자에게는 질문을 통해 사고를 유도한다. 작성이 끝난 후에는 함께 내용을 검토하고, 핵심 문장을 정리하며 피드백을 제공해야 한다. 완성된 워크시트는 다음 회기의 중요한 연결 자료가 된다.

워크시트는 단순한 문서가 아니라 상담 개입의 연결선에 있는 실천 도구이다. 내담자는 워크시트를 통해 자신의 상태를 시각화하고, 변화 가능성을 구체화할 수 있다. 상담사는 이를 활용하여 상담의 흐름을 구조화하고, 회기 간 일관성을 유지하며, 새로운 개입 전략을 세울 수 있다.

특히 경험이 부족한 상담사에게 워크시트는 상담 방향을 잃지 않도록 돕는 안내서이다. 진단 결과는 상담의 출발점이고, 워크시트는 그 결과를 상담 목표와 실천 계획으로 연결하는 매개체이다. 워크시트를 적절히 활용하면 내담자의 자기이해가 깊어지고 상담의 몰입도와 지속성이 높아진다. 직업상담사는 진단 해석과 함께 워크시트를 적극적으로 활용하여 전문성과 구조성을 확보하고, 내담자와의 상호 작용을 강화할 수 있다.

진단 이후,
상담 관계로 이어가는 법

진단은 상담의 출발점이며, 그 결과는 내담자의 상태를 객관화하는 데 도움이 된다. 그러나 진단이 상담의 전부는 아니다. 오히려 진단 이후 상담자가 어떤 방식으로 관계를 유지하고, 내담자의 실질적 변화로 이어지는 과정을 어떻게 설계하느냐가 상담의 지속성과 효과성을 결정짓는 핵심 요인이다. 신입 직업상담사의 경우, 진단 이후의 상담 흐름이 막연하게 느껴질 수 있다. 따라서 진단 결과를 토대로 상담 목표를 구체화하고, 상담 관계를 자연스럽게 이어가며, 회기 간 실천과 피드백을 통해 상담의 질을 높이는 전략이 필요하다.

○ 진단 결과 정리는 '상담 대화'의 연장이다

진단 결과를 전달할 때에는 단순히 점수나 유형을 설명하는 것에 그치지 않고, 내담자가 자신의 상태를 스스로 이해할 수 있도록 대화를 중심으로 접근해야 한다. 진단 결과를 '내담자의 언어'로 재구성하는 과정을 통해, 내담자는 자신이 어떤 상태에 있으며 어떤 방향으로 나아가야 하는지를 명확히 인식하게 된다.

상담자는 다음과 같은 질문을 활용할 수 있다.

"이 결과를 보시고 어떤 생각이 드셨나요?"

"현재 상황과 어떤 점이 연결된다고 느끼시나요?"

"이 중에서 특히 공감되거나 의외였던 항목은 무엇인가요?"

이러한 질문은 상담자의 일방적 해석이 아니라, 내담자와 함께 의미를 만들어 가는 공동 해석의 과정이 된다.

○ 상담 목표는 관계 유지의 중심축이다

진단 결과를 토대로 설정된 상담 목표는 단순한 계획서가 아니라, 상담을 지속하는 데 있어 핵심적인 연결 고리이다. 목표가 명확하고 실행 가능할수록 내담자는 상담을 신뢰하고, 반복적인 회기 참여를 통해 점진적 변화를 경험할 수 있다.

예를 들어, 상담자는 다음과 같이 정리하여 내담자에게 전달할 수 있다.

"A님은 현재 진로 방향에 대해 불안을 느끼고 계십니다. 그 첫걸음으로 관심 직무를 조사해 보기로 하셨으니, 다음 상담에서 그 내용을 함께 나누면 좋겠습니다."

이러한 정리는 상담 내용을 명확히 하고, 상담이 체계적이고 목적 있는 과정이라는 인식을 심어주는 효과가 있다.

○ 실천 과제를 통한 작은 성취 경험 제공

진단 이후 상담에서 중요한 것은 내담자가 직접 변화를 체감하도록 돕는 것이다. 이를 위해서는 크고 복잡한 과제보다는 당장 실천 가능한 작은 행동을 제시하는 것이 효과적이다.

실천 과제의 예시는 다음과 같다.

- 내담자(경력 단절): 다음 회기 전까지 내가 잘했던 일 세 가지 정리하기
- 내담자(청년): 관심 직무 두 가지 조사 후 이유 설명 준비하기
- 내담자(장기 실업): 이번 주에 채용 공고 세 개 찾아보고 느낌 적어오기

실천 과제는 상담자가 일방적으로 지시하기보다 내담자와 협의하여 설정하는 것이 바람직하다.

○ 회기 간 피드백은 관계 강화의 기회이다

상담이 지속되기 위해서는 회기 간 연결성을 유지하는 것이 중요하다. 이전 회기에서 설정한 과제와 대화를 다음 회기에서 자연스럽게 이어가면 상담의 일관성과 신뢰가 높아진다.

상담자는 다음과 같은 질문을 활용할 수 있다.

"지난 시간에 정했던 과제를 해보시고 어떤 느낌이 드셨나요?"
"실천 과정에서 어려웠던 점이나 새롭게 알게 된 점이 있으셨나요?"

상담자는 내담자의 성취를 칭찬하고, 어려움을 공감하며, 작은 행동을 의미 있는 변화로 확장하는 역할을 해야 한다.

○ 관계 유지를 위한 상담자의 태도

진단 이후 상담은 기술적 해석보다 정서적 연결과 지지가 중심이 되어야 한다. 내담자가 상담자와의 관계에서 안전감과 신뢰를 느낄 때 더 깊이 있는 탐색과 변화가 가능하다. 상담자는 다음과 같은 태도로 상담에 임해야 한다.

> - 경청과 공감: 내담자의 말을 진심으로 듣고 감정을 존중한다.
> - 정리와 피드백: 내담자의 발화를 요약하고 주요 주제를 되짚는다.
> - 변화의 징후 포착: 내담자의 말과 행동에서 드러나는 작은 변화를 긍정적으로 언급한다.

진단은 상담의 시작점이며, 그 결과를 상담 목표와 실천으로 어떻게 이어가느냐에 따라 상담의 효과는 크게 달라진다. 상담자는 내담자의 삶의 맥락을 함께 바라보며, 실행 가능한 목표 설정, 적절한 과제 제시, 정기적인 피드백을 통해 상담의 지속성과 성과를 높여야 한다.

상담은 단절된 활동이 아니라 '대화 → 이해 → 목표 → 실천'이라는 유기적 흐름 속에서 발전하는 과정이다. 특히 신입 직업상담사의 경우 진단 이후 상담 흐름이 막연할 수 있지만, 구조화된 개입과 따뜻한 공감은 내담자에게 안정감을 제공하고 상담관계를 유지하는 토대가 된다.

진단 검사는 단순한 측정 도구가 아니라 내담자의 상태를 이해하고 변화를 설계하는 상담적 장치이다. 상담자는 검사 결과를 내담자의 이야기로 풀어내고, 그 이야기를 실천 가능한 전략으로 전환해야 한다. 이러한 과정이 자연스럽게 이루어질 때 진단은 단순한 평가가 아니라 상담의 출발점이 되며, 직업 상담은 내담자에게 실질적인 변화를 제공하는 전문적 실천으로 완성되는 것이다.

▽
▽
▽

2차 베이비붐 세대의 은퇴 후 성공적인 경력 전환을 위한 직업 상담

·· 1 ··
인구 구조 변화와
2차 베이비붐 세대의 부상

    1980년대 초등학교 시절 학교는 아이들로 터져나갈 것 같았다. 당시 교실을 가득 채웠던 그 수많은 학생들이 바로 현재 50대인 2차 베이비붐 세대이다. 베이비붐 세대는 학술적으로 합계출산율이 3.0 이상인 시기에 태어난 인구 집단으로 정의된다. 이 기준에 따라 보면, 우리나라에서는 1955년부터 1974년까지 출생한 세대가 해당된다. 하지만 출생 시기뿐만 아니라 일정 기간 동안 발생한 주요 사건과 경험을 공유하는 '세대'라는 측면에 조금 더 집중한다면, 베이비붐 세대는 다시 1차와 2차로 나누어 살펴볼 수 있다.

    세대 구분에는 어느 정도 임의성이 존재하기는 하나 여기에서는 다음과 같은 이유로 2차 베이비붐 세대를 1964년부터 1974년 사이에 출생한 인구집단으로 정의하고자 한다. 첫째, 이러한 시기 구분이 다수의 정책 및 실증연구에서 사용되고 있기 때문이며, 둘째, 이 시기에 태어난 사람들은 고등교육을 받은 최초의 대규모 인구집단으로서, 민주화운동, IMF 외환위기, 디지털 전환 등 한국 사회의 거대한 전환기를 사회 초년기에 경험하며 타 세대와 구분되는 고유한 행동 특성을 형성하게 되었기 때문이다.

2025년은 2차 베이비붐 세대의 본격적인 은퇴가 시작되는 시점으로, 향후 10년간 이들은 주된 일자리에서 순차적으로 물러나며 지금까지와는 다른 삶의 방식을 새롭게 설계해야 하는 전환기에 놓이게 된다. '베이비붐'이라는 용어 자체가 보여주듯, 이 세대는 인구 구조상 압도적인 규모를 가진 세대이다. 2025년 현재 대한민국의 인구는 5,168만 명이다. 이 중 1964년에서 1974년 사이에 태어난 '2차 베이비붐 세대'의 인구는 954만 명으로 단일 세대로 1,000만 명에 육박한다.

대한민국은 저출산과 고령화의 여정에서 인류 최초의 새로운 역사를 쓰고 있는 중이다. 2000년 고령화사회에 진입한 이후 2017년 고령사회를 통과하였으며, 그로부터 불과 8년이 지난 2025년 초고령사회에 접어들었다. 출산율 또한 이에 못지않게 신기록을 갱신 중인데 2018년 1.0 아래로 떨어진 이후 2024년 0.75명을 기록하였다. 이러한 인구 구조의 변화는 경제 활동의 기반을 약화시키고 사회복지 시스템의 지속 가능성에 직접적인 위협이 된다. 실례로 한국의 생산 가능 인구(15~64세)는 2012년 전체 인구의 73.1%로 최고치를 기록한 후 감소하기 시작했으며, 통계청에 따르면, 2030년에는 63.1%, 2070년에는 46.1%까지 하락할 것으로 전망된다.

따라서 앞으로 10년간 벌어질 2차 베이비붐 세대의 십난석 은퇴와 경력 전환은 단지 개인의 삶의 전환이 아니라, 한국의 고용 구조와 국가 성장 동력 전반에 심대한 파급 효과를 가져올 수 있는 이슈이다. 실제로 한국은행 보고서에 따르면, 1차 베이비붐 세대(1955~1963년생)의 은퇴가 진행된 2015~2023년 동안 경제 성장률은 연평균 0.33%p 감소한 것으로 분석되었으며, 이보다 인구 규모가 더 큰 2차 베이비붐 세대의 노동 시장 이탈은 2024~2034년 사이 연평균 경제 성장률 0.38%p 하락을 유발할 것으로 추정되었다. 따라서 현시점에서 2차 베이비붐 세대의 은퇴에 대비한 경력 전환 지원을 체계적으로 준비하는 일은, 시기적으로 적절하다.

대상에 대한 깊이 있는 이해는 효과적인 상담 지원의 필수 과제이다. 따라서 우선 2차 베이비붐 세대의 특징을 이해하는 것이 필요하다. 이들의 특징은 다음의 다섯 가지로 제시될 수 있다.

첫째, 이들은 산업화와 민주화, 정보화 사회의 전환기를 모두 경험한 세대로서, 비교적 높은 교육 수준과 기술 수용력을 지니고 있다. 1980년 30%에도 미치지 못했던 대학 진학률은 2차 베이비붐 세대에 이르러 크게 증가하였는데, 일례로 한국은행이 1961~1970년생을 기준으로 분석한 결과에 따르면, 이들의 대졸 이상 학력 비율은 39.8%에 달하였다. 대학 입학생 수를 1955~1963년생과 1964~1974년생으로 구분하여 교육 통계 서비스 자료를 분석한 결과도 1차 베이비붐 세대에서의 대학 입학생 수는 약 1,070,000명이었으나 2차 베이비붐 세대는 약 2,000,000명으로 87% 증가한 것을 알 수 있다. 이는 고등교육 보편화와 대학 진학률의 급증이라는 시대적 흐름을 반영하여 두 세대 간 주목할 차이가 있음을 보여준다.

둘째, 2차 베이비붐 세대는 지금까지 은퇴를 앞두었던 세대 중 가장 큰 자산 규모를 가진 집단이지만, 동시에 퇴직 이후 현금 유동성 측면에서 어려움을 겪을 수 있는 '경제적 이중 구조' 속에 놓여있다. 통계청의 2023년 가계금융복지 조사에 따르면, 50~59세 가구의 평균 자산은 약 6억 4,236만 원으로 전체 가구 평균을 상회한다. 그러나 자산의 약 76.8%가 부동산 등의 실물자산으로 구성되어 있어 즉시 현금화가 어려운 구조이다. 따라서 퇴직 후 소득 흐름이 급감할 경우, 생활비나 의료비와 같은 필수 지출에서 유동성 부족 문제가 현실화될 수 있다. 여기에 더해, 과도한 자녀 교육비 부담과 부모와 자녀를 동시에 부양해야 하는 '이중 부양' 구조는 퇴직 이후 경제적 어려움을 더욱 심화시킬 수 있는 잠재적 위험 요인이다.

셋째, 2차 베이비붐 세대는 단순히 정년을 맞이하고 연금을 수령하는 수동적 은퇴 형태에서 벗어나, 창업, 재교육, 프리랜서 활동 등 보다 적극적인 경력 전환 행동을 실천하고 있다. 평균 수명의 연장으로 인해, 이들에게 은퇴는 단순한 퇴장이 아니라 새로운 인생 단계를 여는 출발점이 되었다. 이전 세대가 은퇴 이후의 삶을 '흘려보냈다'면, 2차 베이비붐 세대는 주도적으로 '설계'하고자 하는 강한 욕구를 지닌다. 즉 이들은 생계를 위한 직업에만 머무르지 않고, '자기 일'을 통해 의미를 찾고, 사회적 기여를 실현하고자 하는 경향을 보인다.

넷째, 2차 베이비붐 세대는 여가를 단순한 소일거리가 아닌, 삶의 의미와 정체성과 연관 지어 인식하는 경향을 지닌다. 미디어 속에서 반복적으로 등장하는 대한민국의 은퇴 후 아버지들의 스테레오타입은, 평생 일과 가족을 위해 헌신한 끝에 취미 하나 없이 집 안에 머물며 가족 관계에서도 소외된 모습으로 그려진다. "이제 더 이상 그를 두려워하지 않는 아내와 다 커버린 자식들 앞에서 무너져가는 모습을 보이지 않기 위한 남은 방법이란 침묵뿐이다"라는 신해철의 노래 〈아버지와 나 Part 1〉의 가사는 이러한 전통적 이미지의 퇴직한 남성을 상징적으로 보여준다. 그러나 2차 베이비붐 세대는 다르다. 한국은행 보고서에 따르면, 이들은 1차 베이비붐 세대에 비해 취미·문화·여가 활동 참여율이 높고, 사회적 관계 확장에도 적극적인 경향을 보인다. 이는 이들이 여가를 단순한 휴식을 넘어서 정서적 안정과 사회적 유대, 그리고 은퇴 이후 자신의 정체성을 재구성하는 중요한 수단으로 활용하고 있음을 보여준다. 즉, 이들은 더 이상 침묵하는 아버지가 아니라, 은퇴 이후에도 능동적으로 자신을 표현하며 사회와 활발히 소통하고 관계를 이어가는 세대이다.

마지막으로, 2차 베이비붐 세대는 은퇴 이후 재취업이나 창업을 위한 실용적 기술 습득을 넘어, 자기성장, 사회 참여, 심리적 유능감 회복 등을 주요 동기로 평생학습에 참여하는 경향을 보인다. 교육통계연보 자료에 따르면, 2023년 기준 50대의 대학원 석·박사 과정 재학생 수는 25,761명으로, 이는 2013년(18,496명) 대비 약 40% 증가한 수치다. 이렇듯 2차 베이비붐 세대는 평생학습을 통해 새로운 기술과 지식을 습득하며, 이를 바탕으로 은퇴 후에도 주도적으로 경력을 설계하고 의미 있는 삶의 방향을 적극적으로 찾고자 한다.

2차 베이비붐 세대의
전환 현실 들여다보기

이전 세대와 구분되는 2차 베이비붐 세대의 다양한 긍정적 조건에도 불구하고 이들의 은퇴 후 경력 전환은 쉽지 않다. 생산 가능 인구의 감소가 사회적 이슈로 떠오르고 있지만, 노동 시장에서는 아직까지 체감되지 않고 있으며, 앞서 언급한 불충분한 경제적 준비와 이중부양 부담은 이 세대를 다시 일자리 시장으로 내몰고 있다. 이로 인해 2차 베이비붐 세대는 명확한 전환의 방향성을 설정하지 못한 채, 은퇴 이후 정체성 재구성에 실패하고, 단기 일자리 중심의 파편화된 경력을 반복하는 문제에 직면한다. 이러한 직업적 어려움은 크게 디지털 격차, 퇴직 이후 소득의 불안정성, 그리고 지업 정체성 상실에 따른 심리·사회적 위기에서 비롯된다.

○ 디지털 격차, 경력 전환의 보이지 않는 상벽

2차 베이비붐 세대는 이전 세대에 비해 상대적으로 IT 활용 능력이 높기는 하나 급속한 기술 진화와 디지털 환경의 변화 속도는 여전히 심리적·기술적 도전 과제이다. 정보통신정책연구원의 2024년 분석자료에 따르면, 인공지능 AI 챗봇에 대해 '알고 있다'라는 응답이 50대는 42.3%로 40대의 61.6%, 30대의 75.8%에 비해 상대적으로 낮게 나타났다. 또한 이용률에 있어서도 30대 26.5%, 40대 18.7%에 비해 50대는 8.5%에 불과하였다.

실제로 주변의 동년배 동료들과 이야기해 보면, AI에 대한 호기심은 있지만 막상 업무에 어떻게 접목해야 할지 명확하지 않아 주저하는 경우가 많다. 대부분 ChatGPT나 Claude 같은 도구들의 존재는 알고 있지만, 구체적인 활용 방안을 찾지 못해 가끔 재미로 질문해 보는 정도에 그치고 있다. 특히 기존 업무 프로세스에 익숙한 상황에서 굳이 새로운 도구를 학습하고 적응해야 할 필요성을 느끼지 못하는 것 같다. 결국 AI는 '알고는 있지만 제대로 활용하지 못하는' 기술이 되어버린 셈이다. 이렇듯 4차 산업혁명 시대에 요구되는 데이터 분석 능력, 인공지능 활용 역량, 최신 디지털 기술에 대한 숙련도 측면에서, 2차 베이비붐 세대는 상대적으로 뒤처져 있는 것이 현실이다.

문제는 이러한 디지털 격차(Digital Divide)가 단순한 사용 능력 차이를 넘어, 노동 시장 재진입의 기회 격차로 이어질 수 있다는 점이다. 이러한 문제의식에서 OECD는 고령층의 지속적 고용을 위해 디지털 숙련 향상과 평생교육 참여를 강조하고 있다. 우리나라 정부도 신중년 특화 훈련 등의 정책을 통해 디지털 격차 해소에 나서고 있지만, 여전히 2차 베이비붐 세대에게 있어 기술 변화 속도는 따라잡기 힘든 도전이다.

○ 재무 불안, 경력 전환을 가로막는 현실의 덫

공공기관을 제외한 대부분의 기업에서 상당수 근로자는 50대 초중반에 명예퇴직이나 조기퇴직으로 주된 직장을 떠난다. 한국경제인협회 중장년내일센터의 조사에 따르면, 중장년 구직자의 주된 직장 평균 퇴직 연령은 50.5세로 나타났으며, 절반에 가까운 45.9%가 50세 이전에 퇴직한 것으로 조사되었다. 자발적 퇴직보다는 구조 조정 등 비자발적 퇴직 비율이 56.5%로 높았고, 정년까지 일한 경우는 9.7%에 그쳤다.

실제 사기업에서 근무하고 있는 필자에게도 정년퇴직이란 멀리서 보면 분명히 있는 것 같지만, 가까이 다가갈수록 흐릿해지고 결국 손에 잡히지 않는 그런 것이다. 주변의 동년배 동료들과의 대화에서도 조기퇴직은 선택의 문제가 아닌 시간의 문제로 받아들여지고 있다.

이러한 조기퇴직은 소득 단절로 이어지며, 재취업을 하더라도 이전보다 낮은 소득과 지위로 전락하는 현상이 빈번히 발생한다. 이는 별다른 연금이나 퇴직금 준비가 안 된 경우 은퇴 이후 빈곤층으로 떨어질 수 있음을 시사한다.

물론 2차 베이비붐 세대는 국민연금 가입 기간이 길고 퇴직금 등 자산을 어느 정도 보유한 경우가 많아 선배 세대보다는 나은 형편이지만, 가족 부양 부담과 장기화되는 노후를 고려하면 안정적 수입원 확보는 이들에게도 중요한 과제이다. 이들은 자산의 대부분이 부동산 등 실물자산에 묶여있어 유동성 확보가 어렵고, 자녀 교육비와 부모 부양이라는 이중 부담을 짊어진 경우가 많다. 이러한 상황에서 퇴직으로 인한 소득 단절은, 충분한 준비나 계획 없이 쫓기듯 성급한 결정을 내리게 하는 요인이 된다. 적절한 재무적 준비는 은퇴 이후 삶의 방향을 재정비할 수 있는 심리적·물질적 버팀목임을 고려할 때 과도하게 부동산에 자산이 집중되어 있고 자녀 양육에 모든 자원을 투입해 온 2차 베이비붐 세대의 경제적 현실은 우려할 만한 대목이다.

○ 정체성 상실, 경력 전환을 흔드는 내면의 균열

2차 베이비붐 세대는 이전 세대에 비해 높아진 교육 수준 등으로 비교적 안정된 조직에서 오랜 기간 근무한 고연차 사무직이 많은 세대이다. 이들은 오랜 기간 직장 내 지위, 역할, 인간관계를 중심으로 정체성을 형성해 온 경우가 많기 때문에, 퇴직 이후에는 정체성과 사회적 소속감을 동시에 상실하며 심리적 침체에 빠지기 쉬운 구조에 놓여있다. 즉, 이들에게 있어 직장은 단순한 생계 수단을 넘어 존재의 의미를 부여하던 공간이었으며, 동료와의 관계는 사회적 관계망의 핵심이었다. 특히나 한국 남성들은 가정보다 직장에서의 역할에 집중하는 경향이 있어, 은퇴 후 가정이나 지역사회에서 새로운 역할 찾기에 어려움을 겪을 수 있다. 퇴직 이후 정체성 상실은 우울감, 소외감으로 이어질 수 있으며, 삶의 만족도를 떨어뜨린다.

특히 이러한 심리적 위기는 주된 직장에서 고위직에 있던 퇴직자에게 더욱 두드러지는데 관련해서 INSEAD의 만프레드 케츠 드 브리스(Manfred F. R. Kets de Vries) 교수는 '리타이어먼트 신드롬 (Retirement syndrome)'이라는 개념을 통해 고위직이나 리더 자리에 있던 사람들이 은퇴 시점에 권력·역할·영향력 상실을 경험하면서, 무의미·허무감·존재가치 저하 등 심리적 위기를 겪는 현상을 설명하였다. 이러한 문제를 극복하기 위해 은퇴 전후 경력 설계 상담, 심리 지원과 같은 체계적 준비가 필요하나 현재 대기업을 제외하면 이러한 서비스가 충분치 못한 실정이다. 최근 정부가 일정 규모 이상의 기업에 퇴직 예정자 전직 지원 서비스 의무화를 도입한 것은 이러한 문제의식에서 비롯된 조치이다.

지금까지 살펴본 바와 같이, 2차 베이비붐 세대 은퇴자는 빠르게 변화하는 기술 환경 속에서의 역량 갱신 요구, 소득 급감과 고용 불안, 그리고 주된 일자리에서의 역할 상실에 따른 정체성 혼란과 삶의 만족도 저하라는 다중의 도전에 직면해 있다. 이러한 문제를 완화하고 은퇴 이후의 삶을 보다 의미 있게 설계하기 위해서는 단순한 재취업을 넘어, 새로운 직업적 방향성과 삶의 목표를 세울 수 있도록 돕는 접근이 필요하다.

2차 베이비붐 세대의
경력 전환에 대한 새로운 관점

○ 삶의 방향과 정체성을 고려한
생애 경력 설계 상담

2차 베이비붐 세대(1964~1974년생)는 외형적으로는 교육 수준이 높고 비교적 안정된 직장 경력을 지닌 세대로 보일 수 있다. 그러나 겉보기와는 달리 이들의 전환기는 복합적이고 심리적으로 취약할 수 있는 조건 위에 놓여있다. 따라서 이들을 위한 상담은 단순히 일자리를 다시 구하는 재취업 상담에 머물러서는 안 되며, 삶의 방향성과 정체성 회복을 동시에 고려하는 생애 경력 설계 상담으로 확장될 필요가 있다.

주된 직장 퇴직 후 경력 전환은 단순한 '진로 선택'이라기보다, 재무·건강·가족·사회적 역할 등 다양한 생애 요소를 함께 고려해야 하는 복합적인 삶의 조율 과정이다. 청년기의 진로 선택이 다양한 가능성을 탐색하며 실험하는 시기라면, 중장년기의 경력 전환은 이미 주어진 조건들, 예컨대 자산 상황, 건강 상태, 가족의 요구 등을 바탕으로 실현 가능성과 지속 가능성을 고려하여 전략적 결정을 내려야 하는 시기이다. 따라서 이들의 경력 전환은 단순히 '무슨 일을 할 것인가'를 선택하는 문제가 아니라, 삶의 우선순위를 재정비하고, 삶의 균형점을 다시 설정하는 통합적 설계 과정이라 할 수 있다. 그러므로 개별 직무정보 제공이나 단기 취업 연계만으로는 충분하지 않으며, 생애 전반을 조망하고 조율할 수 있는 생애 경력 설계 중심의 상담이 필요하다.

그러나 상담 현장에서는 여전히 많은 내담자가 빠른 재진입에 집중한 나머지, 전환기에 느끼는 심리적 변화나, 앞으로 어떤 삶을 살고 싶은지에 대한 성찰 없이 조급하게 다음 일자리를 선택하는 경우가 많다. 이러한 현실에서 직업상담사는 2차 베이비붐 세대 내담자의 경력 전환기를 단지 고용의 공백기로 보지 않고, 삶의 의미를 재정립하고 새로운 정체성을 준비하는 여정으로 볼 수 있어야 한다. 이를 위해 필요한 것이 바로 전환기의 구조와 특성을 이해하는 이론적 틀이다. 그 중에서도 윌리엄 브릿지스(William Bridges)의 전환 모델과 프레드릭 허드슨(Frederic Hudson)의 갱신의 주기 모델은 생애 설계 중심 상담의 출발점으로서 유용한 통찰을 제공한다.

○ '멈춤'이 아닌 '준비와 회복'의 시기

브릿지스는 전환을 단지 직장의 변화나 역할의 이동과 같은 외적 사건이 아니라, 내면의 정체성 변화와 심리적 적응을 수반하는 과정으로 보았다. 그는 전환을 '끝맺음(Ending)·중립지대(Neutral Zone)· 새로운 시작(New Beginning)'의 세 단계로 구분하였다. 특히 중립지 대는 과거의 익숙한 정체성과 역할은 종료되었지만, 새로운 방향과 정체성은 아직 자리 잡지 못한 과도기적 심리 공간이라 하였다. 이 시 기는 혼란, 무기력, 상실감, 불확실성이 공존하는 매우 불안정한 상태 이기 때문에 상담적 개입이 가장 절실하고도 의미 있는 시기라고 할 수 있다.

보다 적극적이고 실천적인 전환 이론으로는 프레드릭 허드슨 (Frederic Hudson)의 갱신의 주기 모델이 있다. 허드슨은 성인의 생 애전환을 선형이 아닌 순환 구조로 보고, 전환의 각 시기를 충실기·혼 란기·중립기(Cocooning)·갱신기로 설명하였다. 그중에서도 '중립기' 는 단순한 공백이나 정체가 아닌, 자발적으로 외부 활동을 줄이고 내 면을 성찰하며 다음 생을 준비하는 창조적 여백으로 정의된다. 그는 이를 '심리적 번데기 시기'로 비유하며, 인간이 내면의 에너지를 재충 전하고 정체성을 재정비하는 데 필수적인 시기라 강조하였다.

실제로 많은 2차 베이비붐 세대 내담자들은 이 중립기를 충분히 통 과하지 못한 채, 조급한 재취업이나 생계형 창업, 반복적 단기 일자리 로 진입한다. 이는 현실적인 생계 불안, 가족의 기대, 자신에 대한 압 박감 등 다양한 요인에 기인하지만, 이러한 과정이 정체성 회복 없이 이루어질 경우 직무 부적응, 반복된 이직, 심리적 탈진 등의 문제로 이 어질 수 있다. 상담 현장에서 이들이 겪는 실패와 좌절의 상당 부분은 바로 이 중립기의 부재 또는 축소에서 비롯된다고 볼 수 있다. 따라서 직업상담사는 내담자가 중립기를 단지 버텨야 하고 줄여야 하는 시간이 아닌 준비하고 회복하는 시기로 받아들일 수 있도록 구조화된 개입을 설계해야 한다. 이를 위해 직업상담사는 다음과 같은 실천 전략을 활용할 수 있다.

첫째, 인생 회고와 자기서사 탐색을 통해 내담자가 자신의 경력과 삶의 의미를 돌아보며, '나는 누구로 불렸는가'에서 '앞으로 누구로 살아갈 것인가'로 질문의 방향을 전환할 수 있도록 돕는다. 이는 정체성 재구성의 시작점이다.

둘째, 삶의 가치 점검 활동을 통해 직업·건강·관계·여가·재무 등 주요 영역에 대한 개인의 중요도를 스스로 평기하고, 향후 삶의 방향성을 설정할 수 있도록 돕는다.

셋째, 작은 실험과 학습의 기회를 제공함으로써 내담자가 새로운 가능성을 위험 부담 없이 시도할 수 있도록 지원한다. 예컨대 온라인 학습, 재능 기부 활동, 단기 프로젝트 참여 등은 중립기 동안 실행 가능한 저강도 실험 활동이다.

넷째, 사회적 지지 구조 마련이 필요하다. 퇴직 후 사회적 관계가 급격히 줄어드는 중장년의 특성을 고려하여, 동년배 집단 상담, 지역 커뮤니티 참여, 또래 멘토링 등을 연계함으로써 심리적 고립을 방지하고 정체성 회복을 돕는다.

나섯째, 감정을 다루고 회복하는 힘을 기를 수 있도록 정시 지원 개입이 필요하다. 감정 일기를 써보거나 생활 패턴을 다시 세우고, 불안이나 무력감을 다루는 연습을 통해 내담자가 감정적으로 안정되고 다시 중심을 잡을 수 있도록 돕는다. 마지막으로, 정책·세노와의 연결을 통해 내남사가 생애 설계 활동을 고립된 개인 차원이 아닌, 지역사회 및 제도와의 연계 속에서 지속적으로 수행할 수 있도록 한다. 고용센터, 중장년 희망센터, 50+ 캠퍼스 등은 상담자의 전략적 자원이 될 수 있다.

결국 직업상담사는 이 중립기를 '멈춤'이 아닌 '준비와 회복'의 시기로 전환시키는 전문가로서, 내담자가 전환기를 단지 위기가 아닌 삶의 새로운 시작을 위한 기반으로 인식하도록 돕는 역할을 수행해야 한다. 이러한 개입을 통해 내담자는 '다음 일자리'가 아닌 '다음 삶'을 설계하는 주체로 성장할 수 있으며, 이는 직업상담사 역시 '직업정보 제공자'가 아닌 '생애 전환의 동반자'로서 거듭나는 계기가 된다.

전환 유형에 따른
상담 접근 포인트

2차 베이비붐 세대의 경력 전환 경로는 일반적으로 재취업, 창업, 파트타임·유연근무, 사회공헌 활동으로 구분할 수 있다. 직업상담사는 상담 초기부터 내담자의 전환 의도를 하나의 경로로 단정 짓기보다, 내담자가 그런 전환을 선택하게 된 이유와 그것을 실제로 실현할 수 있는 여건이나 자원을 갖추고 있는지 살펴봐야 한다.

○ 재취업
: 가장 많이 선택하지만 누구에게나 쉬운 길은 아닌

2차 베이비붐 세대 중 많은 이들은 여전히 재취업을 가장 현실적이고 필수적인 전환 경로로 인식한다. 직업상담사는 내담자의 상황에 따라 재취업 전략을 다르게 접근해야 한다. 먼저, 경력이 단절되지 않았고 기존 직무 능력을 유지하고 있는 내담자에게는 이전 경력과 연결된 일자리로 이어질 수 있는 경력 유지형 재취업이 적합하다. 반면,

퇴직 후 시간이 오래 지났거나 건강 상태가 좋지 않은 경우에는 일의 의미를 새롭게 정의하고, 적합한 새로운 분야로 진입하는 전환형 재취업이 필요하다.

중요한 것은 내담자가 재취업을 단순히 생계를 위한 급한 선택으로 여기지 않도록 돕는 것이다. 직업상담사는 내담자가 기존 경력을 얼마나 유지하고 있는지 먼저 점검하고, 그 조건이 충족되지 않는다면, 지금의 재취업을 장기적으로 새로운 경력을 준비하기 위한 발판으로 삼을 수 있도록 안내해야 한다.

○ 창업: 리스크와 가능성 사이의 균형 잡기

2차 베이비붐 세대는 조직생활의 경험이 풍부하고, 자신만의 방식으로 일하고 싶은 자율성 욕구가 강한 경우가 많다. 창업은 이러한 니즈를 충족할 수 있는 전환 경로처럼 보이지만, 실제로는 실행에 옮기기 어려운 영역이기도 하다. 직업상담사는 내담자의 창업 시도를 전폭적으로 지지하거나 반대하는 입장을 취하기보다는, 그 선택의 배경과 준비 정도를 점검하는 역할을 수행해야 한다. 창업에 대한 내담자의 발언이 '현실적으로 불가피한 대안인지, 오랫동안 구상해 온 자발적인 선택인지'를 구분하는 것이 중요하다. 예를 들어, "재취업은 안될 것 같아서…"와 "내 일은 내가 해보고 싶다"는 발언의 맥락은 서로 전혀 다르며, 직업상담사는 이 차이를 정확히 파악해야 한다.

직업상담사는 내담자가 창업을 얼마나 현실적으로 바라보고 있는지를 함께 점검해야 한다. 예를 들어, 재취업에서 반복된 실패를 겪은 내담자는 현실에서 도망치듯 창업을 선택하는 경우가 있으며, 이럴 때는 창업이 진정 원하는 방향인지 다시 살펴보도록 도와야 한다. 반대로 창업을 지나치게 긍정적으로만 보는 내담자에게는 준비 과정의 어려움이나 실패 가능성도 함께 고려할 수 있도록 현실적인 시각을 갖게 하는 것이 필요하다. 직업상담사는 그 창업이 단순한 생계 대안인지, 오랫동안 품어온 의미 있는 기획인지, 아니면 일시적인 탈출구인지 등을 분별하고, 내담자가 보다 명확한 선택을 할 수 있도록 정서적, 정보적 기반을 마련해 주는 데 집중해야 한다.

○ 파트타임·유연근무
: 일과 삶의 균형을 위한 현실적 대안

2차 베이비붐 세대는 인생 후반기를 맞아, 단지 '일을 계속하는 것' 보다 '어떻게 일할 것인가'에 더 많은 관심을 기울이고 있다. 과거에는 일의 지속 여부가 중심이었다면, 이제는 건강 상태, 가족 돌봄 책임, 일과 여가의 균형 등을 고려해 일의 방식 자체를 다시 설계하려는 경향이 뚜렷하다. 이들에게 전일제 고강도 업무는 부담스러운 선택이 될 수 있으며, 대신 시간제나 유연한 근무 형태를 통해 일도 하고, 삶의 리듬도 유지하고자 하는 수요가 증가하고 있다. 이러한 흐름 속에서 시간제나 유연근무 형태는 일정 수준의 소득 보완과 삶의 균형을 동시에 고려할 수 있는 현실적인 전환 대안이나. 특히 경력의 정체성을 일부 유지하면서 업무 강도를 조절할 수 있어, 심리적 만족감 측면에서도 긍정적인 평가를 받는다.

직업상담사는 유연근무를 희망하는 내담자에 대해 먼저 건강 상태, 가족 돌봄 책임, 감정 상태, 경제적 여건 등 일할 수 있는 실질 조건을 종합적으로 파악해야 한다. 특히 일 가능 시간대나 활동 제한 요인을 구체적으로 확인하고, 그에 맞는 지역의 시간제 일자리나 공공형 일자리 정보를 제공하는 것이 필요하다. 유연근무가 단지 전일제 취업 실패의 결과가 아니라, 삶의 균형을 고려한 주도적 선택일 수 있다는 점을 내담자가 인식할 수 있도록 도와야 하며, 초기에는 단기 체험 일자리 등을 통해 일의 감각을 회복하도록 안내하는 것도 효과적이다.

○ 사회공헌: 일의 의미를 다시 묻는 전환

2차 베이비붐 세대는 퇴직 이후에도 단지 소득을 위한 일이 아니라, 자신이 여전히 사회에 기여하고 있다는 감각을 중요하게 여긴다. 여러 연구에서 이들은 '사회적 역할 유지', '타인에 대한 기여', '자기 삶에 대한 의미 회복'을 퇴직 후 활동의 주요 동기로 언급하며, 이는 산업화 세대와는 다른 일에 대한 태도를 보여준다.

직업상담사는 사회공헌 활동을 단순한 '소득 없는 선택'으로 축소해서는 안 된다. 내담자가 가진 사회적 연결 욕구, 역할 회복 의지, 타인에게 기여하고자 하는 바람을 상담 초기부터 탐색하고, 그에 맞는 활동 기회를 제시할 수 있어야 한다. 지역 자원봉사센터, 시니어 사회공헌 일자리, 사회적기업 등이 이에 해당하며, 일부 활동은 일정 수준의 유급 형태로 전환 가능하다는 점을 함께 안내할 수 있다.

사회공헌 활동은 2차 베이비붐 세대가 퇴직 이후에도 '일의 끈'을 놓지 않고, 경력의 연속성과 삶의 의미를 함께 이어갈 수 있도록 돕는 전환 경로다. 직업상담사는 이 경로를 단지 보조적 옵션이 아닌, 생애 설계 관점에서 내담자의 욕구와 자원에 따라 적극적으로 제안할 필요가 있다.

2차 베이비붐 세대의 경력 전환은 단일한 선택이 아니라, 생애 전체의 흐름 속에서 다양한 전환 유형을 오가며 설계되는 과정이다. 단기 생계형 일자리로 출발했다가 창업이나 사회공헌 활동으로 전환하는 등 경로는 유동석이며, 이는 개인의 건강, 재무 상황, 가족 책임 등 구조적 조건과 밀접하게 연결된다. 직업상담사는 내담자가 위치한 생애 시점을 진단하고, 그가 원하는 미래와의 간극을 좁힐 수 있는 중장기 전환 경로를 함께 설계해야 한다. 특히 재무 여력이나 돌봄 부담 등 현실적 제약을 반영해, 단기 목표와 장기 방향을 병행하는 상담이 필요하다. 즉 직업상담사는 정보를 제공하는 역할을 넘어서, 생계와 자아 실현이 균형을 이루는 생애 설계 기반 상담을 통해 내담자가 삶의 리듬을 다시 회복할 수 있도록 도와야 한다.

2차 베이비붐 세대 전환 직종 진입 과정과 상담사 가이드

2차 베이비붐 세대가 은퇴 후 선택할 수 있는 직종에는 여러 경로가 존재한다. 그러나 상담 현장에서 중요한 것은 직종의 나열보다는, 내담자의 상황에 맞는 직종을 탐색하고, 진입 과정에서 필요한 준비와 단계별 가이드를 제공하는 것이다. 재취업 유형은 다양하지만, 직업상담사의 상담 과정은 비슷한 경로를 거친다. 따라서 여기서는 기존 분류 체계인 재취업형, 창업형, 유연근무형, 사회공헌형 중 재취업형을 대표로 선택하여, '공동주택관리사' 재취업 사례를 통해 진입 과정과 직업상담사의 개입 포인트를 살펴보고자 한다

○ 공동주택관리사: 재취업형 직종의 대표 사례

공동주택관리사는 아파트와 같은 집합건물의 시설 관리, 회계 업무, 입주민 민원 처리 등을 책임지는 관리직이다. 이 일은 문서 작성 능력, 사람들과 원활하게 소통하는 태도, 갈등을 부드럽게 조율하는 능력이

필요하므로, 행정이나 관리 업무를 오래 해온 2차 베이비붐 세대 사무직 퇴직자에게 잘 맞는다.

❶ 관심 탐색 단계

관심 탐색 단계에서 직업상담사의 핵심 역할은 내담자가 직종을 선택하기 전에 자신의 경험과 직무 특성을 객관적으로 비교하도록 돕는 것이다. 직업상담사는 내담자의 과거 행정·회계 경험이나 대인관계 기술, 갈등 조정 능력과 같은 역량이 해당 직무와 얼마나 잘 연결될 수 있는지를 살펴본다. 또한 내담자가 이 일을 통해 얻고자 하는 목적이 안정적인 소득인지, 사회적 관계의 회복인지, 아니면 자기 성취인지를 분명히 드러내도록 질문을 던진다. 더불어 건강 상태나 가족 상황, 경제적 여건과 같은 현실적 제약이 직무 수행에 어떤 영향을 줄 수 있는지도 확인할 필요가 있다. 직업상담사는 이러한 과정을 통해 내담자가 단순히 '일을 할 수 있다'는 수준을 넘어, '이 일을 통해 무엇을 얻고자 하는가'라는 근본적인 질문에 답할 수 있도록 이끌어야 한다. 이 단계의 목표는 내담자의 직종 선택이 막연한 희망이나 주변의 권유가 아니라, 자신의 경험과 목표에 기반한 현실적 결정이 되도록 돕는 데 있다.

❷ 자격 취득 준비 단계

공동주택관리사가 되기 위해서는 국토교통부가 주관하는 자격시험을 준비해야 한다. 직업상담사는 내담자가 장기간 학습을 지속할 가 기초절력을 갖추었는지 점검하고, 개인의 생활 패턴에 맞는 학습 계획을 세울 수 있도록 지원해야 한다. 중장년 학습자는 동기 저하가 잦기 때문에 스터디 그룹에 참여하도록 권유하는 것이 효과적이다. 이 과정에서 직업상담사는 내담자가 국민내일배움카드를 발급받아 훈련기관에서 개설한 공동주택관리사 자격시험 대비 과정을 수강할 수 있도록 안내할 수 있다. 일부 여성인력개발센터나 평생교육기관에서도 해당 과정을 운영하고 있으므로, 내담자의 거주 지역과 상황에 맞는 교육기관을 찾아 소개해 주는 것도 도움이 된다. 이 단계에서 직업상담사가 해야 할 일은 단순히 시험 준비를 독려하는 데 그치지 않고, 내담자가 제도적 지원과 학습 자원을 적극적으로 활용할 수 있도록 연결해 주는 것이다.

❸ 초기 진입 단계

자격증을 취득했다고 해서 곧바로 대형 단지의 관리소장직에 선임되는 경우는 드물다. 대형 단지는 규모와 이해관계가 복잡해 경력자를 선호하기 때문에 초임자가 바로 맡기는 어렵다. 따라서 직업상담사는 내담자가 소규모 단지나 보조관리자로 출발해 실무 경험과 조직문화를 익힐 수 있도록 안내해야 한다. 이 과정을 통해 내담자는 실제 현장에서 요구되는 역량을 점진적으로 습득하고, 직무에 대한 자신감을 키울 수 있다. 직업상담사의 역할은 단순히 '작은 곳에서 시작하라'고 권하는 것을 넘어, 내담자가 이 경험을 경력 확장으로 가는 필수적인 디딤돌로 인식하도록 의미를 재구성해 주는 데 있다.

❹ 경력 확장 단계

내담자가 일정 기간 소규모 단지나 보조관리자로 경험을 쌓은 이후에는, 보다 큰 단지나 주택관리 전문회사로 진출하는 것이 현실적인 목표가 된다. 이 단계에서 중요한 것은 단순히 일자리를 옮기는 것이 아니라, 자신의 경력을 체계적으로 관리하며 전문성을 강화하는 것이다. 직업상담사는 내담자가 정기적으로 요구되는 보수 교육이나 관련 직무 교육을 꾸준히 이수하도록 안내하고, 이를 단순한 의무가 아니라 경력 경쟁력을 높이는 기회로 인식하게 도와야 한다. 또한 필요하다면 회계, 안전 관리, 전기 설비 등 직무 관련 추가 교육과 자격 취득 경로를 탐색하도록 지원할 수 있다. 내담자가 이수한 교육과 훈련, 현장 경험은 경력 포트폴리오에 체계적으로 기록되어야 하며, 직업상담사는 이를 이력서와 자기소개서 작성에 효과적으로 반영할 수 있도록 조언할 수 있다. 직업상담사의 핵심 역할은 내담자가 단기적인 재취업을 넘어, 지속 가능한 경력 경로와 장기적 전문성을 설계할 수 있도록 길잡이가 되어주는 것이다.

다른 유형의 재취업도 위와 같은 순서를 따라 상담이 진행된다. 사례에서 본 것처럼 직종 진입은 단순히 한 번의 취업으로 끝나는 과정이 아니다. 내담자는 관심을 탐색하고, 자격을 취득하며, 작은 규모에서 경험을 쌓은 뒤 점차 경력을 확장해 나가는 일련의 단계를 거친다. 2차 베이비붐 세대는 다른 세대보다 평균적으로 더 많은 자산을 보유하고 있지만, 대부분이 부동산과 같은 실물자산에 묶여있어 현금 유동성이 부족한 문제가 있다. 또한 퇴직으로 인한 직업 정체성 상실과 심리적 불안에 직면하는 경우가 많다. 따라서 직업상담사의 핵심 역할은 각 단계마다 내담자가 이러한 현실적 제약을 인식하고 심리적 위기를 관리하면서, 지속 가능한 경력 경로를 설계하도록 돕는 데 있다. 내담자가 단순히 생계를 위해 일자리를 찾는 데 그치지 않고, 새로운 경력을 통해 삶의 균형과 의미를 되찾도록 직업상담사는 안내해야 한다. 이러한 지원은 2차 베이비붐 세대의 경력 전환을 단순한 노동 시장 재진입이 아니라, 새로운 인생 단계의 출발점으로 전환시키는 중요한 열쇠가 된다.

직업상담사가 알아야 할
중장년 전환 지원 정책

2차 베이비붐 세대의 은퇴가 본격화되면서 정부는 이들을 위한 다양한 전환 지원 정책을 확대하고 있다. 그동안 중장년 대상 정책은 수차례 개편을 거쳐왔으며, 명칭은 유사해도 내용이나 적용 대상이 달라 현장에서 혼선이 발생하는 경우도 많았다. 따라서 직업상담사는 이러한 정책을 정확히 이해하고, 내담자의 상황에 맞게 적절히 연결하는 중간자의 역할을 수행해야 한다. 이러한 맥락에서 본 장에서는 2025년 현재 기준으로 상담 현장에서 실질적으로 활용할 수 있는 중장년 전환 지원 정책을 정리하고, 상담사가 이를 내담자의 상황에 맞게 안내할 수 있도록 돕고자 한다.

○ 중장년 경력 지원제
: 일 경험을 통한 경력 회복의 시작점

중장년 경력 지원제는 퇴직 후 경력 전환을 위해 자격을 취득했거나 직업 훈련을 이수한 만 50세 이상의 퇴직자를 대상으로 1~3개월 간 단기 일경험 기회를 제공하는 제도이며, 특정 대상은 일정 금액의 활동수당을 지원받을 수 있다. 일경험은 지자체 또는 지역 고용센터가 연계한 다양한 기관에서 제공된다. 예를 들어, 지역 복지관에서는 행정서류 정리 및 프로그램 운영 지원 업무, 중소 출판사에서는 콘텐츠 기획 및 편집 보조, 사회적기업에서는 마케팅 기획, 고객 응대, 홍보자료 제작 같은 업무를 경험할 수 있다. 또한 시청 산하 공공도서관에서는 자료 정리, 이용자 응대, 프로그램 진행 보조, 노인복지센터에서는 현장 보조나 상담 접수 행정 지원 업무 등이 제공된다.

이 기간 동안의 업무 수행은 단순 체험이 아닌 실제 채용 전환을 염두에 둔 실무 경험이며, 기관과 참여자 모두 고용 연계 가능성을 검토한다. 다만, 채용은 자율적으로 결정되므로 반드시 고용으로 이어지는 것은 아니며, 직업상담사는 이를 내담자에게 사전에 설명하고, 경험 종료 전 이력서 보완, 면접 준비, 채용기관 피드백 수렴 등 후속 지원을 병행할 필요가 있다. 또한 일경험 제공처는 지역 고용센터나 지자체가 수시로 발굴하지만, 지역에 따라 참여 기관이 부족한 경우, 신청 후 대기하거나 참여 기회가 제한될 수 있다. 이때 직업상담사는 제공처 확보 상황을 수시로 확인하고, 병행 가능한 다른 정책을 함께 안내하여 내담자의 전환 경로를 유연하게 설계할 필요가 있다.

○ 신중년 경력형 일자리
: 사회공헌으로 여는 경력 전환

　신중년 경력형 일자리 사업은 지방자치단체나 공공기관이 주관하는 공익적 성격의 한시적 일자리로, 만 50세 이상 65세 미만 중년층에게 10개월 이내의 근무 기회를 제공한다. 참여자는 근로 계약을 체결하고 최저임금 수준이나 경우에 따라 그 이상의 급여를 지급 받는다. 사업 종료 시 고용도 함께 종료되는 구조이지만, 일부 참여자는 기관 내부 채용으로 전환되거나 유사 기관에서 연계 고용되는 경우노 있다. 참여 가능한 직무는 다양하며, 예를 들어, 지역 평생학습관의 교육 보조, 노인복지관의 프로그램 운영 지원, 도서관의 자료 정리 및 민원 응대, 마을기업의 행정업무 등이 있다. 이처럼 도서관, 복지관, 평생교육기관, 마을기업 등에서 제공하는 직무들은 행정·기획·서비스 경험이 있는 퇴직자들에게 잘 맞는 역할이 많고, 실제로도 수행기관 대부분이 중장년층의 경력 적합성을 고려해 직무를 설계하고 있다.

　직업상담사는 이 제도를 단순히 공공일자리 소개 차원에서 접근하기보다는, 퇴직 이후에도 자신의 경험을 살려 사회와 연결되고 싶은 내담자에게 사회공헌형 경력 전환 시도로 제안하는 것이 효과적이다. 특히 지속적 고용보다는 의미 있는 역할 수행을 중시하는 내담자나, 아직 경력 전환 방향을 구체화하지 못한 경우, 심리적·실천적 전환의 완충지대로 안내할 수 있다.

◦ 신중년 특화 훈련
: 기술로 여는 두 번째 커리어

    신중년 특화 훈련은 한국폴리텍대학 등 국가 직업 훈련 기관이 주관하는 중장년 전용 기술 교육 프로그램으로, 만 40세 이상 중장년층이 대상이다. 주요 목적은 퇴직 이후 새로운 기술을 익혀 재취업 가능성을 높이거나 경력 전환을 돕는 것이다. 교육 과정은 전기 설비, 공조 냉동, 스마트 팩토리, 산업안전 관리, 반려동물 관리, 실버 케어 등 실무 중심의 분야로 구성되어 있으며, 대부분 국가기술자격증 취득과 연계되어 있다. 훈련 기간은 과정별로 3~6개월가량이며, 전일제 또는 주간제 형태로 운영된다. 참여자는 훈련비 전액을 국비로 지원받고, 출석률 80% 이상 시 별도의 훈련장려금이 지급된다. 교육 신청은 HRD-Net 또는 한국폴리텍대학 홈페이지를 통해 상시 가능하며, 일부 과정은 면접을 포함한 선발 절차가 있다.

    신중년 특화 훈련은 기존 직무에서 벗어나 기술 기반의 새로운 분야로 재취업을 희망하는 내담자에게 적합하다. 직업상담사는 자격증 취득, 훈련장려금 등 실질적 혜택을 함께 안내하며, 내담자의 체력과 학습 가능성, 기술 습득 의지를 함께 고려해 이 제도를 제안할 수 있다.

◦ 국민내일배움카드
: 중장년의 자기주도 훈련 플랫폼

국민내일배움카드는 카드를 발급받으면 5년간 최대 500만 원까지의 훈련비를 지원받을 수 있고, 민간·공공 교육기관의 다양한 직업 훈련 과정을 자유롭게 선택할 수 있다. 일정한 조건의 참여자에게는 훈련장려금도 지급되는데, 이는 훈련 기간 동안 계속 지급되므로, 생계 부담을 다소간이나마 덜고 훈련에 집중할 수 있도록 돕는다.

내담자가 기존 경력과 연계된 기술을 단기간에 습득해 재취업을 희망할 경우, 직업상담사는 국민내일배움카드를 활용해 고용 연계성이 높은 훈련 과정을 안내할 수 있다. 내담자의 희망 분야와 훈련 목적에 따라, 민간훈련기관의 디지털 기초, 유통·물류, 조리, 실버 케어 등 실무 중심 훈련 과정과 함께, 국민내일배움카드로 수강 가능한 국가기간·전략산업직종훈련 등 공공기관 운영 과정도 함께 안내할 수 있다. 또한 수료 후 고용 연계 사례 등을 설명하면 내담자의 참여 동기를 높일 수 있다.

○ 전직 지원 서비스
: 퇴직 전 경력 전환을 설계할 수 있는 제도적 기회

2차 베이비붐 세대는 은퇴를 앞두고 '경력의 단절'뿐 아니라 '정체성의 상실'이라는 내면의 흔들림을 함께 경험한다. 특히 남성 사무직 퇴직자의 경우, 사회적 역할과 사아정체성의 중심이 '일'에 집중되어 있던 만큼, 퇴직은 단순한 실직이 아닌 삶 전체의 전환으로 인식된다. 이처럼 경력의 연속성과 삶의 의미를 동시에 고려해야 하는 내담자에게는 퇴직 전부터 생애 경력 설계를 시작할 수 있도록 지원하는 제도가 중요하다. 그 대표적인 제도가 바로 전직 지원 서비스다. 전직 지원 서비스는 생애 설계, 경력 진단, 직업 훈련, 구직 활동을 통합적으로 지원하는 제도로, 1,000인 이상 기업은 50세 이상 비자발적 이직 예정 근로자에게 의무적으로 제공해야 한다. 참여자는 전문기관의 상담을 통해 정서적 안정과 함께 경력 전환을 실질적으로 준비할 수 있다.

직업상담사는 내담자에게 전직 지원 서비스와 같은 제도가 있다는 사실을 먼저 인식시켜, 퇴직 전 생애 설계와 경력 점검의 필요성을 이해하도록 도와야 한다. 특히 1,000인 이상 대기업 재직자라면, 제도 시행 여부를 확인해 보도록 유도할 수 있다.

직업상담사는 이와 같은 다양한 전환 지원 제도를 내담자의 연령, 고용 상태, 경력 목표에 따라 적절히 연결해 주는 안내자 역할을 해야 한다. 각 제도의 활용 조건과 장단점을 이해하고, 내담자의 전환 유형에 맞춰 훈련, 일경험, 사회공헌 기회를 실질적으로 설계해 주는 것이 상담의 핵심이다.

▽
▽
▽

시니어 직업 상담,
경험을
마주하는 태도

·· 1 ··
워킹 시니어가 온다

○ 평생 현역의 시대

'60세 = 은퇴'라는 공식은 오래전에 깨졌다. 2025년 통계청 조사 결과, 우리나라 고령층(55~79세) 인구 중 60.9%는 여전히 현역(취업자)인 것으로 나타났다. 초고령화가 가속될수록 직업상담사는 '은퇴' 대신 '현역'을 선택한 시니어들을 현장에서 더 자주 만나게 될 수밖에 없다. 그렇다면 시니어를 가장 가까이서 만나게 되는 직업상담사는 그들을 맞이할 준비가 되어있을까?

직업상담사들의 활동이 왕성한 인터넷 커뮤니티 카페에 신입 직업상담사의 질문이 게시되었다.

"60세 이상 노인 일자리 상담은 어떻게 하시나요?"

"노인 일자리 전담 기관 가보시라고 합니다."

"60세 이상은 우리가 해드릴 수 있는 게 거의 없습니다."

이러한 반응의 배경은 노인 일자리의 특성과 관련이 있다. 노인 일자리 사업은 보건복지부에서 주관하는 반면 대부분의 직업상담사는 지방자치단체나 고용노동부에서 업무를 수행하고 있다. 자신이 맡고 있는 업무만으로도 이미 과부하에 걸려있는 직업상담사가 다른 부처의 사업에까지 관심을 두기는 현실적으로 불가능하다. 일부는 노인 일자리 관련 업무는 직업상담사가 아닌 사회복지사가 당연히 해야 할 영역이라고 생각하고 있을 수도 있다.

또한 노인 일자리는 단시간·저임금의 정부 일자리가 대부분으로 이것을 진정한 의미의 '직업'으로 볼 수 있느냐는 의문이 생길 수도 있다. 같은 맥락으로 4대 보험 가입이 되지 않아 취업으로 보기 어렵다는 시각이 존재하는 것도 사실이다.

그러나 이러한 사실을 다 떠나서 시니어들은 일자리를 얻을 방법과 직업정보를 찾아 헤매고 있고 우리는 그것을 줄 수 있는 경험과 기술을 가지고 있다. 그렇다면 그것이 취업인가 아닌가에 대해 고민할 시간에 그들의 간절함을 보는 데 집중하는 편이 낫지 않을까? 실제로 매년 노인 일자리 채용 시기마다 한 자리를 두고 수십 명의 시니어들이 치열한 경쟁을 벌인다. 연초에 채용 시기가 몰려있는 노인 일자리의 특성상 이때 일자리를 찾지 못하면 그들은 다시 일 년을 기다려야 할 수도 있다. 그들의 절박함을 보게 된다면 고작 50만 원짜리 봉사직 일자리라고 치부해 버리기는 어려울 것이다.

물론 직업상담사가 세상에 없는 일자리를 만들어 낼 수도, 사회 구조를 바꿀 수도 없다. 그것은 우리 능력 밖의 일이다. 그러나 직업상담사로서 시니어에게 일이 어떤 의미인지를 함께 고민하고 그들을 위해 우리가 할 수 있는 것은 무엇인지 한 번쯤 되돌아봐야 할 시점인 것은 분명하다.

○ 시니어에게 일은 '생계'가 아닌 '존엄'

통계청이 발표한 2025년 5월 고령층 부가 조사에 따르면, 55~79세가 생애 주된 일자리에서 물러난 평균 연령은 53.05세(남 55.0세, 여 51.1세)였다. 주된 일자리에서 퇴직한 이후에는 노동 시장에서 완전히 은퇴하게 되는 70대 초반까지 '가교 일자리'에서 일하게 된다. 운이 좋다면 이전 경력과 유사한 업무에서 일하거나 지인을 통해 관리직 일자리를 얻을 수도 있다. 하지만 대다수(65세 이상 53.2%)는 주된 일자리와 전혀 무관한 직무에 비정규·저임금 형태로 종사하게 된다.

생계가 곤란한 시니어는 일자리를 얻기가 수월하다. 반대의 경우에는 오히려 일자리를 얻기 어려워진다. 그 원인은 '노인 일자리 및 사회활동 지원 사업(취업 알선형 제외)' 참여자 선발 과정에는 차상위 계층 여부 및 소득 인정액 점수가 평가에 포함되기 때문이다. 노인 일자리 사업의 법률적 의미 안에 '생계 보존'이라는 복지의 성격이 담겨있다. 지방자치단체나 경찰청 등 정부 부처에서 모집하는 고령자 우대 채용도 마찬가지다. 서류 전형이나 면접 전형에서 생계 곤란자에게 가점을 부여하거나 우선 선발하도록 지침이 내려진다.

그렇다면 생계가 어렵지 않은 시니어들은 일할 필요가 없는 것일까? 그렇지 않다. 시니어에게 일이란 생계 그 이상의 의미를 지닌다. 2023년 보건복지부 「노인 실태 조사」 결과, 65세 이상 전체 노인의

13.5%가 우울 증상을 겪고 있는 것으로 나타났다. 나이가 많아질수록 우울 증상의 비율도 함께 높아졌으며 미취업 노인이 취업 중인 노인보다 2배 이상의 높은 비율로 우울 증상을 겪고 있었다. 또한 건강보험심사평가원의 2021년 우울증·불안장애 진료 통계 수치에서도 전체 우울증 환자의 35.69%가 60대 이상인 것으로 나타났다.

이러한 노인 우울감의 주된 원인은 고독감, 가족, 사회로부터의 소외감을 들 수 있다. 그런데 일을 통하여 이것을 극복할 수 있다. 실제로 많은 연구에서 '일'이 노인에게 긍정적인 효과가 있다는 사실을 증명하고 있다. 노인 일자리 사업에 참여한 노인들이 참여하지 않은 노인들에 비해 자아존중감이 높고 우울감이 적다는 연구 결과가 그것이다. 또 다른 연구에서는 노인 취업자가 미취업자보다 삶의 질이 전반적으로 높다는 것이 밝혀졌다. 특히 자아존중감과 대인관계 측면에서 긍정적인 효과가 있었다.

이처럼 시니어에게 일은 단순히 생활비를 버는 수단이 아닌 그 이상의 의미를 지닌다. '일'은 인간으로서 존재하는 이유이자 원동력이다. 일을 한다는 행위 자체가 자신이 사회에 필요한 존재로서 의미 있게 살아가고 있음을 확인하는 과정이다.

○ 웰컴, 워킹 시니어!

시니어의 경제 활동 참여가 눈에 띄게 늘고 있다. 취업뿐만 아니라 창업에 나서는 시니어도 크게 늘고 있다. 60세 이상 고령 자영업자 수는 2015년 142만 명에서 2024년 210만 명으로 급증했다. 전체 자영업자 10명 중 4명 가까이가 60세 이상 고령자다. 이처럼 취업, 창업 등 다양한 형태로 사회 활동에 참여하는 시니어가 증가하고 있다.

이를 의미하는 신조어가 바로 '워킹 시니어(Working Senior)'이다. 워킹 시니어는 은퇴 이후에도 경제 활동을 계속하는 60세 이상 고령자를 의미한다. 많은 고령자는 생계 유지를 위해 계속 일하지만, 일부는 일하는 자체에 의미를 두고 자아실현이나 사회적 관계 유지를 위해 노동을 선택하기도 한다.

워킹 시니어들이 종사하는 일자리는 주로 임시직, 단순노무직, 자영업 등이 많으며, 정규직 비중은 상대적으로 낮다. 임금 수준은 전 연령층 평균보다 낮은 편이고, 노동 환경은 안전성과 건강 측면에서 취약한 경우가 많다. 서울시50플러스재단이 발행한 「중장년 정책 insight, vol.27」에서는, 미래 대비 없이 주된 일자리에서 물러나게 되면, 경력 단절과 위상 하락이라는 '추락의 위험'과 불안정한 외부 노동시장을 떠돌며 맞닥뜨리는 '빈곤의 위험'에 동시에 노출되는 것으로 지적한다. 시니어들은 이러한 직업 전환 과정에서 이전과는 달라진 자신의 사회적 위상에 직면하며 심리적 충격을 받게 되는데 직업상담사는 상담을 통해 이들이 감당해야 할 충격을 완화할 수 있어야 한다. 고용시장의 상황과 나이의 제한을 정확하게 전달하여 현실적인 목표를 설정하도록 돕고 새로운 환경에서 자아존중감을 지키며 적응해 나갈 수 있도록 하는 것이 우리의 역할이다.

인생 2막, 우연을 준비하라
: 계획된 우연의 힘

○ **직업 상담 현장 속 진로 상담 이론**

이론은 이론일 뿐, 실제 직업 상담 현장에서 진로 상담 이론을 접목하는 일은 불가능하다고 생각하는 사람들이 있다. 직업 상담 현장과 진로 상담 이론 간에 격차가 발생하는 것은 어쩌면 당연한 일이다. 그러나 상담 과정을 가만히 들여다보면 우리가 하는 상담이, 이론과 그리 멀리 떨어져 있지 않다는 것을 알 수 있다. 상담 중 내담자에게 이런 말을 한 적이 있을 것이다.

"이 일은 선생님의 종착지가 아닙니다. 일하는 과정에서 학습된 것을 통해 새로운 관계가 형성되고 예기치 못한 기회가 찾아올 겁니다."

이 말은 바로 크롬볼츠(Krumboltz)의 '계획된 우연 학습 이론(Planned Happenstance Learning Theory)'과 맞닿아 있다.

"진로를 찾는다는 것은 누구에게나 혼란스러운 일이에요. 혼란스러움을 당연하게 받아들이세요."

이것은 '진로 혼돈 이론(The Chaos Theory of Careers)'과 연결된다. 진로를 찾는 과정이 본래 혼란스럽다는 사실을 인정하면, 더 이상 불안할 필요도, 예측 불가능한 상황에 당황할 필요도 없다. 진로를 찾는 과정은 '혼돈(chaos)' 속에서 우연(Happenstance)을 통해 새로운 기회를 발견하는 과정이다. 우리가 상담 현장에서 전달하는 언어 속에 진로 상담 이론이 살아 숨 쉬고 있다.

○ 크롬볼츠의 '계획된 우연 학습 이론'

시니어 상담에 활용할 수 있는 크롬볼츠의 '계획된 우연 학습 이론'을 좀 더 자세히 들여다보자.

크롬볼츠의 진로 상담 이론 주요 발달 과정

발표 연도	이론명	주요 내용
1976	사회 학습 이론	Social Learning Theory of Career Decision Making - 진로 선택의 개인의 학습 경험과 환경의 상호 작용의 결과 - 진로 선택의 영향 요인: 유전적 요인 및 개인 능력, 환경 조건 및 사건, 학습 경험, 과제 접근 기술
1996	진로 상담을 위한 학습 이론	Learning Theory of Career Counseling - 진로는 고정된 것이 아니라 지속적으로 형성되고 수정 가능 - 진로 상담은 단순히 내담자의 선택에 영향을 주는 것이 아닌 새로운 경험을 시도하고 학습을 촉진하는 과정
2009	계획된 우연 학습 이론	Planned Happenstance Learning Theory - 실패나 예측 불가능한 상황을 당연하게 진로 형성의 과정의 일부로 재해석

| | | - 우연적 사건을 학습 기회로 여기며 계획적으로 활용
- 불확실한 상황에서도 자신감 있게 과제에 접근할 수 있도록 학습 촉진 |

크롬볼츠 진로 이론의 진화 과정을 살펴보면 초기에는 '학습 경험'과 '환경'이 진로 선택에 영향을 주는 상황적 요인으로 여겨졌다면, 이후 개인이 환경에 수동적인 영향을 받을 뿐 아니라 학습을 통해 예측 불가능한 상황을 능동적으로 선택하고 기회로 전환할 수 있다는 점이 강조된다.

이러한 관점은 오늘날 노동환경의 현실과 맞아떨어진다. 오늘날 노동 환경과 직업 세계는 빠르게 변화되고 있고 비예측성과 불확실성이 크게 증가하고 있다. 이러한 환경 속에서는 확고한 진로 목표를 설정하겠다는 계획 자체가 무의미해진다. 그 어느 때보다 유연한 사고의 전환이 요구된다. 이러한 불확실한 상황에서 구직자들이 느끼는 불안은 자연스러운 반응이다. 특히 시니어들은 주된 일자리에서 물러나 낯선 직무로의 급격한 전환을 겪게 되어 이러한 불안이 증폭될 수 있다. 문제는 이들이 진로 전환 과정을 자연스럽게 받아들이기보다는 '위기'로 인식하여 역설적으로 '안정적인 일자리'를 더욱 갈구하게 된다는 점이다. 하지만 시니어가 노동 시장에서 안정적인 일자리를 구할 가능성은 희박하다. 이러한 상황에서 시니어들이 불안을 이겨내고 새로운 직업에 도전할 수 있는 용기를 갖게 하려면 직업상담사는 어떻게 대화를 이끌어야 할까? 실제 사례를 활용하는 것이 해답이 될 수 있다.

○ 우연을 기회로 바꾼 사람들의 이야기

"1개월 계약직? 지원 안 해요!"

정보통신 자격증을 보유한 김○○은 정년퇴직 이후, 직업상담사로부터 1개월 단기 계약직 채용정보를 받았다. 그는 입사 후 성실히 업무를 수행했고, 계약 종료 후 회사로부터 반복 갱신 가능한 촉탁직 계약을 제안받았다. 예기치 못한 행운이었다.

구직자들의 정규직 선호 경향은 뚜렷하다. 하물며 1개월 계약직 제안을 받는다면 어떨까? 대다수 구직자는 지원 자체를 포기해 버린다. 그들 중 몇몇은 이런 일자리를 제안한 상담사에게 화를 내기도 한다.

"어차피 1개월 후에 또 구직 활동해야 할 텐데, 뭐하러 그 고생을 해요?"

이때, 직업상담사는 한 달간 구직 활동만 한 구직자와 한 달의 근무 경력을 갖게 된 구직자는 완벽하게 다르다는 것을 인식시켜 줄 필요가 있다. 그 시간 동안의 업무 경험을 통해 실무를 경험할 수 있고 그 안에서 새로운 관계가 형성되며 그 관계가 그들이 예측하지 못한 수많은 우연의 기회를 만들어 갈 수 있다. 이 사례에서처럼 말이다.

"3교대는 못 합니다."

보안팀장(주 5일 근무)으로 지원해 최종 합격 통보를 받은 60대 구직자 박○○은 예상치 못한 변수를 맞았다. 퇴사를 예고했던 기존 팀장이 마음을 바꿔 사직을 번복하면서 회사가 새 팀장 채용을 취소한 것이다. 대신 회사는 3교대 보안대원 자리를 제안했고, 그는 상실감에 잠시 고민했지만, 입사를 결심했다. 두 달 뒤, 기존 팀장이 결국 퇴사하면서 공석이 된 팀장 자리를 맡아 달라는 제안을 받게 되었다. A 씨는 주간 근무 형태로 전환된 것은 물론 승진하여 보안팀장으로 근무할 수 있게 되었다.

회사 사정으로 입사하려던 포지션이 변경되거나, 아예 채용 자체가 취소되는 경우가 종종 발생한다. 이때 구직자는 회사에 대한 부정적인 감정을 갖게 되어 합리적인 선택을 하기 어려워진다. 직업상담사는 이러한 상황에서 구직자가 올바른 결정을 내릴 수 있도록 도와야 한다. 해당 사례에서 구직자가 감정적으로 제안을 거절했다면, 두 달 후 공석이 생겼을 때 재지원한다고 해도 합격할 가능성은 제로에 가까워진다. 회사 입장에서는 자신들의 제안을 거절했던 지원자로 기억되기 때문이다. 그는 위기의 상황에서도 '감정'보다는 '경험'을 선택했기에 이를 '기회'로 만들 수 있었다.

이처럼 우연한 기회를 활용하여 행운을 만든 사례는 많이 있다. 상담사는 이러한 사례들에서 의미를 찾고 시니어에게 생생하게 선날해야 한다. 보수, 근무 형태, 고용 방식 등 겉으로 드러난 모습이 아니라 경험을 통해 얻을 수 있는 새로운 기회와 숨겨진 이면을 볼 수 있도록 이끄는 것이 핵심이다.

·· 3 ··
노인 일자리 정책
A to Z

많은 시니어가 노인 일자리 정책의 존재를 모르거나, 안다고 하더라도 내용을 이해하기 어려워한다. 직업상담사도 고용노동부의 일자리 정책에는 익숙하지만, 시니어 일자리를 주관하는 보건복지부 일자리 사업은 낯설고 어렵게 느껴질 수 있다.

시니어로서는 자신의 취업에 도움을 줄 수 있는 정책이 어느 부처 주관인지는 중요하지 않다. 그들 앞에서 일자리 상담을 해주고 있는 직업상담사를 전적으로 신뢰할 뿐이다. 따라서 직업상담사는 고령자 지원 정책의 전반적인 흐름을 반드시 알아두어야 한다.

○ 주관 부처에 따른
시니어 일자리 정책과 지원 대상

우리나라의 시니어 일자리 정책은 크게 보건복지부와 고용노동부로 나누어 볼 수 있다. 각각의 주관기관에 따라 지원 대상의 정의와 나이 기준이 다르다.

부처별 시니어 일자리 정책 지원 대상

주관부처	법률 근거	지원 대상
보건복지부	「노인 일자리 및 사회 활동 지원에 관한 법률」	노인 일자리 정의: 사회적으로 유용한 가치를 창출하면서 노인의 능력과 적성에 맞으며 건강 증진, 사회 참여 및 소득 증대의 효과를 얻을 수 있는 재정 지원 일자리 노인이란 65세 이상으로서 1. 노인 일자리 및 노인 사회 활동을 수행할 수 있는 건강 상태일 것 2. 노인 일자리를 수행할 수 있는 근로 능력이 있거나 노인 사회 활동을 수행할 수 있는 활동 능력이 있을 것 3. 소득, 경력이나 자격 등 그 밖에 노인 일자리 및 노인 사회 활동을 수행하는 데 필요하다고 보건복지부 장관이 인정하는 요건을 갖출 것 (일부 사업은 60세 이상)
고용노동부	「고용상 연령차별금지 및 고령자고용촉진에 관한 법률」	고령자 일자리: 55세 이상의 민간 일자리 전체 고령자는 55세 이상인 사람으로 한다. 준고령자는 50세 이상 55세 미만

실무적으로 '노인 일자리'와 '고령자 일자리'라는 말을 혼용하여 사용하지만, 법률상의 정의로 살펴보면 '노인 일자리'와 '고령자 일자리'는 전혀 다르다. 고령자 일자리는 55세 이상을 대상으로 하는 민간 및 공공 일자리이다. 반면 노인 일자리는 65세 이상을 위한 정부 재정 지원 일자리를 뜻한다. 따라서 노인 일자리는 소득 수준이나 기초연금 수급 여부 등 생활 조건에 따른 참여 제한을 더 크게 받는다는 것을 기억할 필요가 있다.

고령자 일자리 정책을 성격별로 나누어 보면 크게 두 유형으로 구분된다. 하나는 민간기업이 시니어를 고용하도록 장려하는 정책이며 다른 하나는 정부가 직접 시니어를 고용하는 정부 직접 일자리 사업이다. 이 두 정책은 지원금을 받는 대상과 추진 목적은 다르지만, 시니어의 생활 안정을 돕기 위한 정책이라는 점은 공통적이다.

○ 시니어 민간 고용 장려 정책

민간 고용 장려 정책은 시니어나 취약계층을 고용할 경우, 정부가 인건비나 사회보험료 일부를 지원하는 정책이다. 기업의 자발적인 고용 확대를 유도해 지속 가능한 일자리를 창출하는 데 목적이 있다.

부처별 시니어 민간 고용 장려 정책

주관	지원 제도	지원 자격 및 내용
고용노동부	고령자 고용지원금	- 60세 이상 근로자의 고용을 촉진하고 안정적으로 유지하기 위해 사업주에게 지원금 제공 - 우선지원대상기업, 중견기업, 사회적기업 등에서 60세 이상 근로자의 수가 증가한 경우에 지원 - 지원 내용: 매 분기별 증가한 고령자 수 1인당 분기 30만 원을 최대 2년간 지원(피보험자의 30%, 최대 30명 한도)
	고령자 계속고용장려금	- 정년 연장, 정년 폐지, 재고용 제도를 도입한 사업주에게 지원금을 제공하여 고령자의 계속고용을 장려 - 정년 이후 계속고용한 근로자 1인당 분기별 90만 원을 최대 3년간 지원(피보험자의 30%, 최대 30명 한도)

보건복지부	시니어인턴십	- 만 60세 이상 고령자의 민간 취업을 위한 정부의 인건비 지원 제도 [일반형] - 인턴지원금: 3개월간 월 약정급여의 50% 지원(월 최대 40만 원, 총 120만 원) - 채용지원금: 인턴 종료 후 6개월 이상 계속고용 시 월 약정급여의 50% 지원 (월 최대 50만 원, 총 150만 원) [세대통합형] - 채용지원금: 숙련기술 보유 퇴직자를 청년 멘토로 최소 6개월 이상 고용한 기업에 1인당 300만 원 일시금 지원 [장기취업유지형] 장기취업유지금: 인턴십 참여 후 일정 기간 이상 고용한 경우, 18개월 80만 원, 24개월 80만 원, 30개월 60만 원, 36개월 60만 원 지원 (총 최대 280만 원)

※ 2025년 5월 기준, 반드시 최신 정책 확인 필요

○ 직접 일자리 사업

　정부 직접 일자리 사업은 정부가 직접 고용하거나 공공기관을 통해 고령자·취약계층에 일자리를 제공하는 정책이다. 한시적으로 일할 기회를 제공하여 생계 지원과 사회 참여의 기회를 부여한다. 정부 지원 직접 일자리는 여러 정부 기관과 지방자치단체에서 주관함에 따라 모집 직종, 모집 인원 등을 제때 파악하는 것이 어렵다.

　고용노동부는 매년 12월, 이듬해 정부 지원 일자리 통합 공고를 홈페이지에 게시하여 정보 이해를 돕고 있다. 해당 공고문에는 직종, 모집 시기, 인원, 시급, 담당 업무, 자격 요건, 우대사항 등이 상세히 안내되어 있다. 이를 활용하여 직업상담사는 시니어들의 일자리를 미리

파악하고 상담을 준비할 수 있다.

2025년 정부 지원 일자리 사업 통합 공고 중 산림청 사업 일부

사업명	급여 수준	모집 지역	채용 예정 인원	모집 기간	근로 시간	지원 요건(자격) 및 우대사항	업무 내용 및 지원 방법
산림 서비스 도우미 (수목원 코디네이터)	시급 10,030원 (월급 2,096, 270원) (4대 보험 제공)	서울	2명	2024년 1~2월 중 (기관별 공고 예정)	주 40시간 (1일 8시간)	○지원 자격 - 식물 분야 전문 지식을 갖추고 식물유전자원 보전 업무를 수행할 수 있는 자 ○우대사항 - 취업취약계층 및 여성 등 우선선발 - '수목원 전문가 교육 과정 인증기관'에서 교육을 수료한 자 - 산림·식물 분야 자격증 소지자	○주요 내용 - 식물유전자원의 현지 외 보전(ex-situ conservation)을 위한 업무 수행 - 식물유전자원의 학술적, 산업적 연구 업무 지원 - 수목원 운영·관리 사업 지원 업무 ○지원 방법 - 우편 또는 방문 접수 ※ 해당 국립수목원, 지자체 모집 공고 참고
		부산	1명				
		대구	2명				
		인천	2명				
		대전	1명				
		울산	1명				
		세종	1명				
		경기	16명				
		강원	4명				
		충남	8명				
		전북	3명				
		전남	4명				
		경북	2명				
		경남	4명				
		제주	3명				

2025년 정부지원 일자리 사업 통합 공고 바로가기

구분	접속 QR 코드
「2025년 정부지원 일자리 사업 통합 공고」	

○ '노인일자리여기' 홈페이지 활용

'노인일자리여기'는 보건복지부·한국노인인력개발원(KORDI)이 운영하는 노인 일자리 통합 정보·신청 포털이다. 공공형·사회 서비스형·취업 알선형·시니어 인턴십 등 사업 유형과 참여 방법을 제공하며 전국 노인 일자리 수행기관(시군구(노인복지 담당과), 노인복지관, 시니어클럽, 대한노인회 취업지원센터, 종합사회복지관, 노인복지센터, 실버인력뱅크 등)을 확인할 수 있다.

노인일자리여기 바로가기

구분	접속 QR 코드
노인일자리여기	

시니어 직업 상담에서 중요한 것 중 하나가 직업정보 제공의 '시의성'이다. 노인 일자리를 포함한 재정지원 일자리가 한 해 100만여 개 쏟아지고 있지만 일자리를 찾아 고용복지플러스센터, 일자리센터 등 직업안정기관을 방문하는 시니어 대부분은 "그런 일자리가 있었는지도 몰랐다"라고 말한다. 재정 일자리 사업은 연중 수시로 채용이 이루어지는 경우도 있으니 대부분이 전년도 12월에서 그해 1/4분기까지 대부분의 일자리가 채워지며, 그 이후에는 퇴직자가 발생한 소수 직

무에 대한 추가 채용이 이루어진다. 결국, 1/4분기 안에 일자리 정보를 얻고 해당 직무에 지원하지 않으면, 그해 하반기까지 시니어가 본인의 일을 찾을 가능성이 희박해진다는 뜻이다.

직업상담사는 시니어에게 제도와 직업에 대한 정보를 제때에 제공하고, 동시에 알기 쉬운 언어로 해석해 주어야 한다.

나이를 수용하고 기회를 확장하라
: 시니어 취업의 현실과 전략

"상담사님, 60세 넘어서 구직 활동을 해보니 이전과는 정말 다르네요. 이제 정말 나이가 들긴 들었나 봐요. 면접 보러 오라고 하는 곳이 거의 없네요."

많은 시니어가 60세를 기점으로, 구직 활동이 확연히 어려워짐을 호소한다. 이러한 상황은 시니어 자신에게도, 이를 지켜봐야 하는 직업상담사에게도 안타까운 일이다. 그러나 구직 활동에서 '나이'는 장벽이 아니라 오히려 시니어에게 기회이자 전략이 될 수 있다.

◦ 채용 정보상에서 사라진 지원 가능 연령

15년 전에는 채용정보에 지원 가능 연령이 기재되어 있었다. 현재는 채용정보에 정년을 제외한 지원 가능 연령을 기재하는 것은 불가하다. 고용상 연령 차별 금지 및 고령자 고용 촉진에 관한 법률에 의해 모집, 채용 등에서 연령 차별 금지가 명문화되었기 때문이다. 이 법은 고령자의 입사 지원 기회를 넓히고 고령자의 고용을 촉진하고자 하는 의도를 가지고 있다.

그러나 현장에서 시니어에게 채용정보에서 지원 가능 연령이 사라진 이유를 전달하면 의외로 부정적인 답변이 더 많이 나온다.

"취지는 좋습니다만, 현실적으로 장점보다 단점이 더 많아 보입니다. 번거롭기만 할 뿐입니다."

"악법이네요. 도대체 무슨 이점이 있는 거죠?"

시니어들의 이런 반응은 당연하다. 법은 기회의 문을 열어두었지만, 실제 채용 현장에서는 여전히 보이지 않는 연령의 벽이 존재하기 때문이다. '연령 무관'이라는 네 글자는 시니어에게 '희망 고문'처럼 느껴진다.

그렇다면 직업상담사는 시니어가 이 현실을 긍정적으로 받아들이도록 어떻게 상담을 해나가야 할까? 답은 의외로 간단하다. 연령 제한이 없다는 것은 모든 채용 공고에 지원할 수 있다는 것이고 이것을 시니어에게 '기회'의 확장으로 인식시켜야 한다. 실제 사례를 통해 보자.

영업직으로 30대 청년층을 채용하고자 했던 기업에서 50대 중장년을 채용한 사례가 있었다. 또한 65세까지만 입사 가능하다고 확고하게 말했던 인사 담당자는 67세 지원자를 경비원으로 채용하게 된 사례도 있다.

나이는 시니어에게 큰 장벽이지만, 적극적인 입사 지원과 면접 응시는 이 장벽을 넘을 수 있는 도움닫기 발판이 될 수 있다. 다만 이러한 '기회'의 확장은 동시에 잦은 '거절'로 인한 좌절감으로 이어질 수 있다는 것을 주의해야 한다. 직업상담사는 이를 예방할 수 있는 상담을 해나갈 필요가 있다. 입사 지원에서의 '실패'는 단지 '그 자리에 맞지 않는다'라는 뜻일 뿐 능력이 모자라서가 아니라는 점을 분명히 해야 한다.

◦ 고용24로 읽는 시니어 일자리 현황

채용정보상에서는 직종에 따른 적합 나이를 확인할 수 없다. 그러나 '고용24' 사이트의 고령자 우대 채용 건을 통해서 시니어가 비교적 빠르게 취업할 수 있는 직종에 대한 힌트를 얻을 수 있다.

고용24에서 고령자 우대 채용정보 찾는 방법

'고용24' 홈페이지 > 채용정보 > 일자리 찾기 > 추가 검색 조건 열기 > 기타 우대사항 (준)고령자(50세 이상) 체크

'고용24'에 게시된 고령자 우대 채용 공고들을 분석해 보면, 특정 직종에 채용 수요가 집중되는 경향을 확인할 수 있다. 가장 많은 직종은 단연 '요양보호사'이며, 그 뒤를 이어 '사회복지사', '조리원', '단순 노무직(생산 보조 포함)', '경비·보안', '시설관리자' 등으로 나타난다.

요양보호사는 초고령화로의 진입과 고령자 돌봄 서비스 확대에 따라 지속적으로 수요가 증가하고 있으며, 자격증 취득 이후 비교적 빠른 취업이 가능하다는 점에서 시니어 구직자들에게 현실적인 선택지가 될 수 있다. 요양시설, 재가 방문 서비스 기관 등에서는 중장년 이

상의 연령층을 우대하는 경우가 많아, 건강이 양호하고 경험이 있다면 접근성이 매우 높다. 조리원, 경비원, 시설 관리 등도 마찬가지다.

그러나 직업상담사는 단순히 '일자리가 많다'라는 이유만으로 해당 직종을 추천하는 것을 경계해야 한다. 구직자의 현재 상황과 요구에 맞을 뿐만 아니라 내담자의 선호나 적성을 파악하여 오래 근무할 수 있는 일자리인가를 고려할 필요가 있다.

"요양보호사 자격증 취득하시면 취업이 잘돼요"라고 말하기 전에 내담자가 정말 그 일을 감당해 낼 수 있을지, 직무 내용을 명확하게 이해하고 있는지를 먼저 확인할 필요가 있다. 동시에 직종에 대한 부정적인 선입견이 생기지 않도록 편견 없이 직종을 설명하여 내담자가 도전해 볼 수 있는 용기를 갖도록 하는 것이 중요하다.

○ 긍정의 거울이 되라

상담 현장에서 이런 말을 하는 시니어들을 종종 만날 수 있다.

"아는 사람이 그러는데, 그 일 힘들다는데요?"

"제가 아는 분 그 일 하다가 한 달도 안 돼서 그만두셨대요."

"그 직종은 우리 같은 사람 안 뽑는다던데요?"

인맥이 많을수록 타인의 조직 부적응을 대리 경험하게 되는 경우도 많아진다. 어디선가 직무와 회사에 대한 부정적인 이야기를 듣고 지레짐작하여 이렇게 반응하는 것이다. 하지만 그런 정보 중 대부분이 근거 없거나 각 개인의 특성과 환경에서 비롯한 것일 수도 있다.

"그분에게는 맞지 않았더라도 선생님께는 다를 수 있습니다. 직접

겪어보지 않고 판단하는 것은 선생님에게 주어진 기회를 잃는 일입니다."

직업상담사는 누군가 일주일 만에 퇴사한 자리였더라도, 다른 누군가는 입사하여 만족스럽게 근무하는 것을 보게 된다. 같은 사무실에서 같은 업무를 하는 직원들도 업무의 만족도가 같지는 않다. 그 일이 자신에게 맞을지 맞지 않을지는 스스로 경험해 봐야 알 수 있는 것이다. 아주 희박한 확률이어도 시도하면 성공을 기대할 수 있지만 포기하면 100%의 실패만 있을 뿐이다. 직업상담사는 무엇이든 스스로 경험하고 배우고 판단해야 한다는 것을 시니어에게 상담을 통해 전달해야 한다.

"다른 사람의 경험은 참고 사항일 뿐, 나만의 답은 직접 해봐야 알 수 있습니다."

이것이 시니어 상담에서 상담사가 전달해야 할 핵심 메시지다. 상담사가 소극적이거나 부정적인 태도로 접근한다면 시니어는 곧바로 그 바이러스에 감염되고 말 것이다. 상담사의 말과 태도에 따라 시니어는 주저앉기도 하고 나아가기도 한다.

·· 5 ··
서류와 면접,
시니어 취업 컨설팅 가이드

"경험이 많고 업무도 잘 아시는데, 업무 스타일이 저희와는 맞지 않을 것 같아요."

"의욕이 넘치시는 건 좋은데, 저희 조직에 잘 적응할 수 있을지 걱정이 되네요."

"너무 좋으신 분 같기는 한데, 스펙이 좀 부담스럽네요."

알선한 시니어의 채용을 거절할 때, 인사 담당자가 했던 말이다. 만약 대상자가 청년층이었더라도 이러한 피드백이 거절의 신호였을까? 기업 담당자의 말을 가만히 들여다보면 시니어 컨설팅에서 기억해야 할 것이 무엇인지 쉽게 찾아낼 수 있다.

◌ 과유불급(過猶不及)
: 지나친 것은 오히려 모자람만 못하다

시니어 컨설팅에서 꼭 기억해야 할 점은 지나침에 대한 경계이다.

사회 초년생은 적은 경험을 어떻게 확장하고 부각할지 고민해야 한다면 시니어는 그 반대다. 시니어는 이미 경험했고 알고 있는 것일지라도 적당히 감추는 지혜가 필요하다. 취업이라는 동일한 목표를 달성하기 위해 완전히 다른 전략을 세워야 한다는 것이 역설적으로 느껴질 수 있다.

많은 사람들이 채용 과정을 '가장 뛰어난 인재를 선발하는 과정'으로 오해한다. 하지만 실제 채용은 '그 자리에 적합한 사람을 찾는 과정'이다. 높은 학력, 화려한 경력, 많은 자격증이 아니라 그 자리에서 오래 근무할 의지와 능력을 갖춘 사람을 원한다. 특히 시니어가 주로 지원하는 정부 지원 일자리, 단순 생산직, 서비스직에서는 '얼마나 유능한가?'보다 '얼마나 잘 적응할 것인가?'가 채용 담당자의 판단 기준이 된다.

○ 시니어 취업의 핵심 전략

❶ 오버스펙(Over-Spec) 피하기

석사 학위 이상 소지자가 경비직에 지원 30년 경력자가 신입 수준 급여에 지원 임원 출신이 일반직 지원

다른 직원들에게 위화감을 조성하지 않을까? 곧 더 좋은 곳으로 이직하지 않을까? 높은 연봉을 희망하지 않을까? 이 자리엔 맞지 않는데?

- 지원 직무와 직접적인 경험만 상세히 기술
- 팀워크와 커뮤니케이션 능력 강조
- 겸손한 태도와 배움의 자세 어필
- 과거의 높은 직급이나 연봉 언급 금지

- 지원 직무와 맞지 않는 학위, 직무와 무관한 자격증은 과감히 삭제

❷ 시니어 면접: 자주 나오는 질문과 답변

Q1. 자기소개를 해보세요.

A: 안녕하세요. 일을 하는 데 있어 꾸준히 하는 것을 중요하게 생각합니다. 앞에 나서기보다는, 주어진 일에 책임감을 갖고 묵묵히 해내는 편입니다. 이번 기회도 저에게는 새롭게 배워가는 과정이라고 생각합니다. 일하면서 모르는 건 잘 묻고, 필요한 건 주변과 자연스럽게 소통하면서 조직에 보탬이 되도록 노력하겠습니다.

컨설팅 포인트 일반적으로 사용할 수 있는 인성 중심 자기소개의 예시이다. 지원 직무가 정해져 있다면 직무에 맞는 경험을 강조하는 것이 좋다.

Q2. 지원 동기를 말해보세요.

A: 저는 오랜 시간 근무하며 사회와 조직으로부터 많은 것을 배웠고, 이제는 그 경험을 바탕으로 조금이나마 보탬이 되고 싶다는 마음이 큽니다. 저의 나이가 때로는 부담될 수 있다는 것도 알고 있지만, 오히려 그만큼의 책임감과 성실함을 갖고 일할 준비가 되어있습니다. 회사(사회)에 도움이 되는 사람이 되고 싶어 지원하게 되었습니다.

컨설팅 포인트 피해야 할 답변: 용돈이라도 벌어야죠. 집에만 있으려니 답답해서요. 생계가 막막해서요.

Q3. 젊은 상사나 동료들과 잘 지낼 수 있나요?

A: 나이와 관계없이 서로 존중하며 일하는 것이 중요하다고 생각합니다. 저 역시 다양한 연령대와 함께 일해 본 경험이 있고, 젊은 분들에게서 배울 점이 많다는 것을 잘 알고 있습니다. 제 경험이 도움이 될 수 있는 부분은 나누고, 배워야 할 것은 적극적인 자세로 배우도록 하겠습니다.

컨설팅 포인트 피해야 할 답변: 나이는 상관없죠. 경험으로 알려줄 게 많습니다.

Q4. 과거 경력에 비해 단순한 업무인데 괜찮으신가요?

A: 그동안 맡았던 업무와는 성격이 다를 수 있지만, 저는 일의 성격보다는 그 안에서 어떤 태도로 임하느냐가 더 중요하다고 생각합니다. 단순한 업무라도 책임감을 갖고 꾸준히 해내는 것이 조직에 큰 도움이 된다는 것을 지난 경험을 통해 잘 알고 있습니다. 맡겨진 업무에 있어 책임을 다하도록 하겠습니다.

컨설팅 포인트 이 질문의 의도는 오래 근무할 사람을 찾는 데 있다.

Q5. 건강은 괜찮으신가요? 오래 일하실 수 있으시겠어요?

A: 건강은 꾸준히 잘 관리해 오고 있고, 일상생활이나 업무에 지장을 줄 만한 문제는 없습니다. 몸에 무리가 가지 않는 선에서 주어진 일을 안정적으로 수행할 수 있습니다. 오히려 일을 하는 것이 규칙적인 생활을 하게 되어 건강에 도움이 된다고 생각합니다.

피해야 할 답변: 직접적인 질병에 대한 언급 금지

> **Q6. 컴퓨터나 새로운 시스템을 활용하게 될 수 있는데, 가능한가요?**
>
> A: 기본적인 컴퓨터 활용은 가능합니다. 예전에도 새로운 프로그램이나 장비가 도입될 때 스스로 익혀 본 적이 있어 새로운 시스템을 배우는 것에 두려움이 없는 편입니다. 처음엔 조금 시간이 걸릴 수 있겠지만, 익숙해질 때까지 차근차근 배우겠습니다.

피해야 할 답변: 잘 못 합니다. 젊은이들보다 잘합니다.

시니어 취업 컨설팅의 핵심은 화려했던 '과거'보다는 '현재'에 집중하도록 하는 것이다. 면접장에서 자신이 가진 것을 모두 다 보여주려 애쓰기보다는 상대방이 원하는 만큼, 지원한 직무에 맞는 만큼의 역량을 보여주는 것이 합격에 가까워지는 길이다. 상담사는 이 점을 시니어에게 전달해야 한다.

·· 6 ··
내려놓을 용기: 언러닝

○ 언러닝이란 무엇인가?

Hedberg(1981)는 "조직은 배우기도 하지만, 버리기도 해야 한다"라고 말하며 언러닝(Unlearning)의 중요성을 강조했다. 특히 직무 환경이 급격히 변화하거나, 기술적·문화적 전환점에 이르렀을 때 기존의 관성적 사고나 자동화된 업무 수행 방식은 오히려 새로운 적응을 방해할 수 있다고 주장했다. 이 개념은 비단 조직에만 해당하는 것이 아니라, 개인에게도 적용해 볼 수 있다.

오늘날 개인에게 급변히는 조직과 직무 환경에 유연하게 대처하는 능력은 매우 중요하나. 언러닝은 단순히 기존의 지식이나 기술을 잊거나 버리는 것이 아니라 변화된 환경에 적응하기 위해 비효율적인 지식, 습관, 신념 등을 의식적으로 선택하여 이를 비워내는 과정이다.

○ 비워야 채울 수 있다

　시니어의 조직 적응에 있어 언러닝의 개념은 매우 중요한 의미를 지닌다. 시니어는 길게는 30년 이상 축적된 업무 수행 방식과 고정된 사고 패턴으로 근무한 경험이 있다. 이들은 자신만의 확고한 신념을 갖고 있을 가능성이 있으며, 이렇게 고착된 신념은 급격한 변화에 적응하는 데 걸림돌이 된다.

　따라서 직업상담사는 시니어의 조직 적응 과정을 함께 해야 한다. 시니어 스스로 자신의 경험과 신념 중 새로운 환경에서 바꾸어야 할 것이나 버려야 할 것을 성찰하고 구분할 수 있도록 도와야 한다. 예를 들어, 조직문화가 보수적인 환경에서 근무한 시니어라면 수평적인 소통문화에 적응하기 위해 기존의 방식을 조금씩 바꿔나가야 하는 것이다. 또한 이전의 조직 환경에서 통용되었던 업무 수행 방식이 새로운 조직에서는 맞지 않을 수 있다는 것을 이해하고 열린 마음으로 수용해야 한다는 뜻이다.

▸▸ 시니어의 언러닝 전환 단계

- 인식 단계: 시니어가 자신의 고정된 사고 패턴과 업무 방식을 객관적으로 인식하도록 돕기
- 선택 단계: 새로운 환경에 맞지 않는 요소들을 의식적으로 선별하고 내려놓기
- 재구성 단계: 비움을 바탕으로 변화된 환경에 적응하기

자신과 환경을 객관화하여 성찰하는 것을 가장 먼저 해야 한다. 그 중 버려야 할 것들을 의식적으로 선별해 나간다. 기존의 것을 비워내야만 그 공간에 새로운 것을 채워나갈 수 있다는 것이 언러닝의 핵심이다.

○ 시니어 조직 적응 상담 사례

> 공공기관에서 25년간 근무한 60대 구직자 나○○는 최근 초등학교 경비직으로 재취업하게 되었다. 이전 조직은 업무 구분이 명확하고 매뉴얼 중심의 체계적인 운영이 이루어졌던 반면, 현재의 학교는 역할의 경계가 모호하고, 상황에 따라 나양한 업무가 부여되는 구조였다.
> 그는 이것을 불합리하다고 생각했고, 퇴사를 고려할 만큼 심각한 스트레스를 받고 있었다.

"조직이 너무 체계가 없어요. 저는 불의를 보면 참을 수가 없어요."

시니어분들의 적응 상담을 진행할 때 자주 듣게 되는 말이다. 상담자는 '불일치'의 경험에서 겪는 스트레스를 존중하며 경청하는 것이 필요하다. 이는 개인 성향의 문제가 아니라 기존 조직문화와의 구조적 차이에서 오는 심리적 충돌일 수 있기 때문이다. 상담자는 변화된 직무 환경에서 요구되는 역할이 '모호함'이 아니라 '유연함'일 수 있다고 보는 전환적 사고를 도울 수 있어야 한다.

"과거 조직에서 익히던 방식과 기준으로 현재의 직장을 보면 책임과 권한이 부정확하고 주먹구구식으로 업무를 진행한다고 판단하실 수 있습니다. 그런데 달리 보면 적은 인원으로 다양한 업무를 수행해야 해서 자율적이며 유연한 업무 수행을 요구하고 있는 건 아닐까요?"

과거 조직에서의 효율적 업무 수행 방식이 오히려 규모가 작고, 협업이 요구되는 현재 조직에서의 적응을 방해할 수 있음을 인식하도록 적절한 질문과 조언을 기울여야 한다.

이것은 무조건적인 수용을 의미하는 것은 아니다. 과거의 방식을 전부 부정하는 것도 아니다. 이것이 '적응'의 문제인지, '저항'의 문제인지, 시니어가 잘 판단하고 새로운 역할에 맞는 선택적 수용을 하도록 돕는 것이 직업상담사가 해야 할 일이다. 시니어에게 무작정 모든 것을 내려놓고 회사에서 요구하는 대로 맞추라고 한다면 그들은 무력감과 패배감에 깊은 상처를 입게 될 것이다. 그러나 기존의 조직과 다른 새로운 형태의 조직에서 다른 방식의 업무를 수행한다는 관점을 제시한다면 시니어는 큰 저항 없이 상황을 받아들이고 새 직장에 맞는 적응 방식을 택하게 될 것이다.

○ '경험'이라는 이름의 무기

우리는 직업 전문가로서 그들보다 고용 시장에 대해 더 많이 알고 있다는 이유로 "취업하려면 내려놓으셔야 합니다"라고 너무 쉽게 말하고 있는 것은 아닐까? 그들의 삶과 경험은 우리가 쉽게 내려놓으라고 말할 수 있는 대상이 아니다. '내려놓을 용기를 낼 것인가?'는 그들 자신만이 선택할 수 있다.

아프리카 속담에 "노인이 죽으면 도서관 하나가 불타는 것과 같다(When an old man dies, a library burns to the ground)"라는 말이 있

직업 상담, 미래를 설계하다

248

다. 노인 한 명의 경험과 지혜는 도서관 하나에 해당하는 데이터를 압축하고 있다는 뜻이다. 이들이 가지고 있는 경험의 가치, 그 위에 새로운 의미를 더하는 것이 바로 직업 상담이다.

변화는 누구에게나 두려움으로 다가올 수 있다. 그러나 혼자가 아니라 누군가 함께 있다는 것만으로도 위로가 된다. 직업상담사는 시니어의 직업 전환의 여정을 함께 하며 새로운 일과 삶의 의미를 함께 찾아가는 동반자이다.

고용 시장의 현실과 한계를 전달하는 우리의 언어, 시선, 그리고 태도에 그들을 향한 따뜻함과 존경을 남을 때 시니어는 그들이 가지고 있는 '경험'이라는 절대적 무기를 가지고 녹록하지 않은 이 현실을 지치지 않고 싸워나갈 수 있을 것이다.

현장 밀착형 상담 실전 가이드

직업 상담,
미래를 설계하다

초판 1쇄 발행 2025년 12월 18일

지은이 최준형, 신영주, 이현중, 이은영, 유경희, 김영건, 조혜경
펴낸이 류태연

펴낸곳 렛츠북
주소 서울시 영등포구 문래북로 116, 1005호
등록 2015년 05월 15일 제2018-000065호
전화 070-4786-4823   **팩스** 070-7610-2823
홈페이지 http://www.letsbook21.co.kr   **이메일** letsbook2@naver.com
블로그 https://blog.naver.com/letsbook2   **인스타그램** @letsbook2

ISBN 979-11-6054-786-3 13320